図解 人材マネジメント入門

入門

人事の基礎をゼロからおさえておきたい人のための
「理論と実践」100のツボ

An Illustrated Introduction to Human Resource Management:
Theory and Practice in
100 Essential Points

坪谷邦生
TSUBOTANI Kunio

Discover
ディスカヴァー

■自己紹介

はじめまして。坪谷（つぼたに）です。私は人材マネジメントの研究者ではなく実践者です。人事担当者、人事マネジャーとして12年間、企業内で実践を重ねてきました。そしてリクルート社の人事コンサルタントとして6年間、50社以上のクライアントの人事制度を構築し組織開発を支援してきました。現在はベンチャー企業の人事企画室の立ち上げ、大手企業の人材育成体系の構築、人事責任者対象の人材マネジメント講座などを行っています。そのため、当書の根底には多くの日本企業における人事の実態、そして私自身の人事コンサルタントとしての実践が流れています。

■当書のねらい

当書は人材マネジメントの入門書です。はじめてこの領域を学ぶ方、あらためて基礎から学びたい方に向けたものです。私は新卒2年目でエンジニアから人事に転身したのですが、そのとき人材マネジメントの領域の広さに驚き、捉えようのなさに混乱し、理解に苦しみました。その経験から、初学者だった頃の自分が助かるような、人材マネジメントを体系的にわかりやすく理解できる本を書きたいと考えました。

「人事が意志を持って語るため」の持論の素材となることを目指しました。ここで言う「人事」とは、企業の人事担当者、経営者、管理職、そして人材業界の方など、人材を生かして成果を上げる立場にいる方のことです。答えがなく、複雑でつかみどころのない人材マネジメントに悩み、学びたい方が「そう考えたらいいのか！」と感じてくれたら、こんなに嬉しいことはありません。

当書の構成

当書は100のツボと4社の実例から構成されています（図表000）。

◥ 100のツボ

図表000左の構図を枠組み（地図）として、人材マネジメントの基礎知識を展開していきます。『100のツボ』と題しているとおり、100のポイントを解説しています。気になるツボだけを「つまみ食い」することができ、通して読むと構造的に人材マネジメントを把握することができます。

Chapter 1.　人材マネジメント：人材マネジメント全体の目的、歴史、構造、日本の特徴、効果的に行う方法などの概論です。

Chapter 2.　人事評価：人材マネジメントの判断情報となる「人事評価」。その目的、対象と主な方法、これからの展望について解説します。

Chapter 3.　賃金・退職金（外的報酬）：働くことによって得られる「報酬」のうち、外的報酬と呼ばれる「賃金・退職金」。その内訳と決定方法、重要な納得感の醸成について解説します。

Chapter 4.　働きがい（内的報酬）：報酬のうち、内的報酬と呼ばれる「働きがい」。日本の現状や、向上させる方法について解説します。

Chapter 5.　等級：人材マネジメントの方針を具現化した骨格である「等級」。その歴史と種類、自社に適した等級について解説します。

Chapter 6.　採用：人材の流れである「リソースフロー」の入り口「採用」。人員計画、人材要件、選考の手法について解説します。

Chapter 7.　異動・代謝：リソースフローの中心であり適材適所の重要な手法である「異動」、そしてリソースフローの出口である「代謝」。その方法と日本の特徴について解説します。

Chapter 8.　人材開発：企業が投資して人を育成する「人材開発」。対象となる能力、方法、これからの展望について解説します。

Chapter 9.　組織開発：組織の効果を高める計画的な取り組みである「組織開発」。その定義、対象、方法について解説します。

Chapter 10.　働く人：働く人の視点で、キャリアと専門職プロフェッショナルについて考えます。

■4社の実例

　4社の実例では実際の企業がどのように人材マネジメントを実践しているのか、100のツボで解説した観点から分析しています。企業規模と育成雇用のスタンスから4タイプの実例を挙げました（図表000右）。企業規模は「ベンチャー・中小企業」と、「グローバル・大手企業」に分かれています。育成雇用のスタンスは、人材が企業の枠を超えて活躍することを推奨し、副業・リモートワーク・早期退職などに注力する「流動・排出」と、人材が企業の枠内で活躍することを期待し、中長期の人材育成や文化伝承に注力する「長期・育成」に分かれています。ご自身の所属する企業はどのタイプに近いか、また実例各社との差はどこにあるのかを想定しながら読んでみてください。

> 実例1　**サイボウズ社：ベンチャー中小・流動排出タイプの企業です。**
> 実例2　**アカツキ社　：ベンチャー中小・長期育成タイプの企業です。**
> 実例3　**リクルート社：グローバル大手・流動排出タイプの企業です。**
> 実例4　**トヨタ社　　：グローバル大手・長期育成タイプの企業です。**

図表000
当書の構成

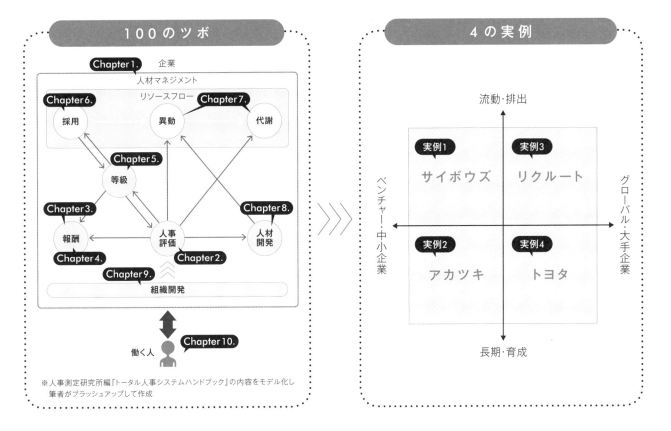

100のツボ

Chapter 1. 企業

人材マネジメント

Chapter 6. リソースフロー Chapter 7.

採用　　異動　　代謝

Chapter 5.
等級

Chapter 3.
報酬

Chapter 8.
人材開発

Chapter 4.　Chapter 2.

人事評価

Chapter 9.

組織開発

Chapter 10.
働く人

※人事測定研究所編『トータル人事システムハンドブック』の内容をモデル化し
筆者がブラッシュアップして作成

4の実例

流動・排出

実例1　サイボウズ　　実例3　リクルート

ベンチャー・中小企業　　　　　　　グローバル・大手企業

実例2　アカツキ　　実例4　トヨタ

長期・育成

▶ 100のツボで基本をおさえ、4の実例で実企業をイメージしてみましょう　HINT

Contents

目次

人材マネジメント

Chapter 1.

Q マネジメントとは何か?

001

■ マネジメントの語源は「なんとかする」

　本題である人材マネジメントの前に、マネジメントについて考えてみたいと思います。当たり前のように使う言葉ですが、マネジメント（Management）とは一体なんでしょうか?

　辞書を引いてみるとManageはman（手）でage（為る）ことから、馬術、馬を手綱で操ることとあります。そしてmanage to doとは「なんとかして（どうにかして）〜する」。自分の手によって困難な状況をなんとかするもの、それがマネジメントの語源です。

■ マネジメントと管理は同じではない

　マネジメントは日本語では「管理」と訳されることが多いのですが、管理とは「ある規準などから外れないよう全体を統制する」という「型にはめる」意味をもっており、ニュアンスが異なります（**図表001**）。

　マネジメントの父と呼ばれるP. F. ドラッカーの著書の翻訳者、上田惇生はこう言っています。

　　私は自分の翻訳の中で"manage"という言葉を『管理』と訳したことは一度もない。"management"という言葉に対応する適切な言葉は漢語にも大和言葉にもないのです。（『「マネジメント」は管理することではない』東洋経済ONLINE）

■ ドラッカーによるマネジメントの定義

　P. F. ドラッカー自身はマネジメントをこう定義しています。

　　組織をして成果を上げさせるための、道具、機能、機関がマネジメントである。（P. F. ドラッカー『明日を支配するもの』p45）

　組織をして成果を上げさせる。綺麗事ではなく、成果こそがマネジメントに求められます。変化の激しい環境の中、限られたリソースで、高い目標に向けて、どうにかこうにか成果を出す。実際にその役割を担っている方にとっても、やはりマネジメントとは「なんとかする」ことだと感じられるでしょう。

　そのマネジメントを「人材」によって行う「人材マネジメント」とは、はたして何なのでしょうか。次のツボ002で見ていきましょう。

組織が成果を出すために「なんとかする」こと

図表001
マネジメントと管理

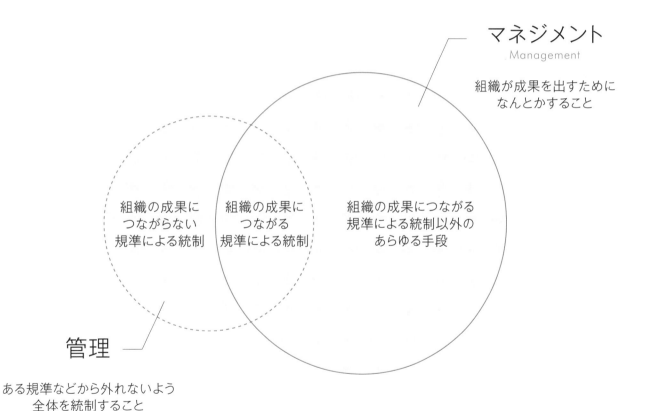

マネジメント
Management

組織が成果を出すために
なんとかすること

組織の成果に
つながらない
規準による統制

組織の成果に
つながる
規準による統制

組織の成果につながる
規準による統制以外の
あらゆる手段

管理

ある規準などから外れないよう
全体を統制すること

▶ マネジメントとは、管理して縛るのではなく「なんとかする」ことなのです　HINT

Q そもそも「人材マネジメント」とは何か？

100 の ツ ボ
002

■ Human Resource Management

人材マネジメントとは、アメリカで発祥した「Human Resource Management（以下HRM）」を日本語訳したものです。

■ アメリカのHRM

1950年代後半から1960年代、日米貿易摩擦などで経済力を失いつつあったアメリカは「人に対するマネジメントを変えなければならない」と危機感を持ち、それまでの労務管理（Personnel Management）から **（図表002）** 新しい人材マネジメント（HRM）へと舵を切ります。一番大きな違いは、人を代替可能な「コスト」ではなく投資する対象の「資源」と見なしたこと。文字どおりHuman（人）をResource（投資する対象）としてManagement（マネジメント）するようになったのです。

■ 人的資源、人材、人財

Human Resourceの直訳は「人的資源」です。あまり日常では使われませんが、専門書など学術的な「正しさ」が必要なシーンで使用されています。

よく使用される訳は「人材」です。人材とは元々「人才」と書き、才能のある人、役に立つ人、有能な人物を意味しています。

近年は「材」を「財」に変えた当て字の「人財」という表現も多く見られます。人を「財産（宝）として大切にする」という企業の意志が感じられます。

当書では、人の「才」を生かすという意味を込めて、訳語として「人材」を選択しました。学習院大学の守島基博は「人材」という言葉にこんな想いを込めています。

人材は、成長し、発揮する価値を変化させていく存在であるという視点、さらに、人材は、単にそのときの戦略達成に貢献する資源ではなく、長期的な価値を高めていくという目標に向かって、企業と人材が共同で、投資していくべき存在であることです。（守島基博『人材マネジメント入門』P15-16）

その人材に投資する「人材マネジメント」について、このChapter 1で概要を捉えましょう。まず次のツボ003では、その発祥を辿ります。

アメリカで発祥した「人に投資するマネジメント手法」

図表002

「管理」から人に投資する「マネジメント」へ

	労務管理 Personnel Management		人材マネジメント Human Resource Management
タイムスパン	短期的	>>>	長期的
プランニングに対する視点	受動的・その場への・制限された範囲での対応	>>>	能動的・戦略的・統合的な取組み
心理的契約	コンプライアンス	>>>	コミットメント
統制システム	他者によるコントロール	>>>	セルフコントロール
雇用関係に対する視点	集団的・低い信頼度	>>>	個人・高い信頼度
組織構造・システム	官僚的 機械的・集権的・厳密に規定された役割	>>>	オーガニック 権限委譲・柔軟な役割
実行責任者	人事部門	>>>	ラインマネジャー
評価基準	コストの最小化	>>>	人材の最大限の活用

（須田敏子『HRM マスターコース—人事スペシャリスト養成講座』を元に作成）

▶人材に対する視点が、コスト管理から最大限の活用へと変化しました

HINT

100 の ツボ
003

■ホーソン実験

人材マネジメントはホーソン実験をきっかけに始まりました。

1900年代までアメリカの企業はテイラーの提唱した科学的管理法によって効率化を進めてきました。その流れがウエスタン・エレクトリック社ホーソン工場での実験（1924-1932）によって大きな転機を迎えます。

ホーソン実験は当初、作業室の明るさが作業効率にどのような影響を及ぼすかを明らかにする「照明実験」でした。6名の女性作業員に継電器という部品の組み立てを行ってもらい、照明を徐々に明るくします。すると彼女たちの生産性は明るさに伴い上昇しました。ここまでは予想どおりです。しかし意外なことに照明を一定にしても、照明を暗くしても、生産性は上昇を続けます。いったい何が起きていたのでしょうか？

「労働者の作業能率は、客観的な職場環境よりも職場における個人の人間関係や目標意識に左右される」という仮説が、この実験からは導き出されました（Column 01参照）。

■「人」の側面　ソフトバージョン

ホーソン実験を受けて1940年代後半からマズロー、ハーズバーグ、マグレガーたちが「自己実現」「やりがいのある仕事」といった論を展開しました。経済学ではベッカーが「人的資本」への投資が経済的効果をもたらすと実証し、産業界でも職務拡大や職務充実によって「ワークモチベーション」を高める運動（Quality of Working Life）が起きました。

「社員のモチベーションやコミットメントの向上によって組織の成果を最大化」する、ネオヒューマンリレーションズ（組織心理・組織行動）とも呼ばれるこの流れが、人材マネジメントの「人」の側面を作っていきました（ソフトバージョンと呼ばれています）。

■「事」の側面　ハードバージョン

1970年代には多角化・ポートフォリオマネジメントなどの企業戦略論、1980年代にはポーターの競争優位の戦略が登場し、人材マネジメントにもっと戦略的な視点が必要だと議論がなされました。「戦略的に人的資源を活用することによって組織の成果を最大化」する、人材マネジメントの「事」の側面の登場です（ハードバージョンと呼ばれます）。

ホーソン実験をきっかけに「人」と「事」の両側面に着目して人材マネジメントは始まっていったのです。次のツボ004では、その目的を捉えます。

100年前、工場の効率化を調べる実験を
きっかけに始まった

図表003

科学的管理法からホーソン実験を経て人材マネジメントへ

成り行き経営   科学的管理法   人材マネジメント

経験や勘に基づ
いたその場しのぎ
的経営。非効率
な生産や組織的
サボタージュが起
きていた

作業の標準化管
理。客観的基準
を作り1日のノル
マを設定した

ホーソン
実験

ソフトバージョン
社員のモチベー
ションやコミットメ
ントの向上によっ
て組織の成果を
最大化する

ハードバージョン
戦略的に人的資
源を活用する事に
よって組織の成果
を最大化する

1900〜   1924〜32   1940代後半〜   1970代〜

▶人の側面ソフトバージョンと、事の側面ハードバージョンの両面が大切です   HINT

■**人材マネジメントが提供すべき価値**

　人材マネジメントの目的はなんでしょうか？その定義を確認します。

　アメリカではミシガン大学のデイヴ・ウルリッチが『Human Resource Champions』において人材マネジメントの提供価値を「戦略を達成する」「生産性の高い組織の仕組みを築く」「従業員のコミットメントとコンピテンシーを向上させる」「組織の変革を実現する」の４つだと言いました。

　日本では学習院大学の守島基博が『人材マネジメント入門』において提供価値を**図表004**のように示し、人材マネジメントの目的は「人材を活用して、会社の戦略を達成し、さらに次の戦略を生み出す人材を提供すること」と表現しています。
　日米どちらにおいても「人を生かし、短期・長期の組織パフォーマンスをあげること」が目的だと読み取れます。

■**「人」と「事」を両立させる仕事が人事**

　守島基博は「経営と人、短期と長期といった一見対立する２つの価値の交差点で仕事をするのが人事」だと言います。それぞれを行うのではなく、交差点のど真ん中で踏ん張ること、これこそ人事という仕事の本質だと私も考えています。変わり続ける環境の中、人（ソフトバージョン）と事

（ハードバージョン）の両側面を睨んで個と組織を支え続ける。

　「人事」とは「人」と「事」を両立させる仕事、つまり「人を生かして事を成す」。たった２文字で人材マネジメントの本質を表現しています。日本語は凄いですね。

　人材マネジメントの目的がクリアになりました。次のツボ005では人材マネジメントを実際に行うマネジャーの役割を確認します。

図表004

人材マネジメントの提供価値

	① 経営×短期	② 経営×長期	③ 人×短期	④ 人×長期
提供価値	戦略達成への貢献を高めさせる	戦略を構築する能力を獲得し向上させる	公平で情報開示に基づいた評価と処遇を提供する	キャリアを通じた人材としての成長を支援する
活動	個人の目標の合致	リーダー供給	公平な評価	働きがい／働きやすさ
中核システム	パフォーマンスマネジメント	選抜教育	フィードバック・支援	キャリア開発支援
実行上の要点	・仕事と人のマッチングが重要 ・何をすれば組織目標に貢献できるのか、目標・ビジョンを共有すること	・リーダーの成長段階によって必要な能力・スキルが異なる ・既存のパフォーマンスからは次段階でのパフォーマンスを予測しにくい ・段階を上がると挫折しやすい ・育成のための場のお膳立て（準備・説得）が必要となる	・信頼関係構築が重要 ・評価プロセスを説明する ・次のチャンスを得る支援を行う	・キャリアはよりバウンダリーレスに ・能力も線形の積み上げではなく多様な経験と知識のモザイク的な組み合わせへ ・キャリアマネジメントの主は個人、人事はそれを支援する

（守島基博『人材マネジメント入門』を元に作成）

▶ 経営と人そして長期と短期、交差点のど真ん中に偏らずに立つのが人事です　　HINT

■ 人材マネジメントの実行者はマネジャー

人材マネジメントは経営者や人事部門が担っているとも言えますが、実際の主役は、現場のマネジャーです。マネジャーとは課長、チームリーダーなど呼び方は様々ですが「複数のメンバーを取りまとめて、組織で成果を出す責任を持った」方です。マネジャーとは何をする役割なのでしょうか？

■ 伝統モデル・人間関係モデル・
　人的資源モデル

レイモンド・E・マイルズは『マネジメントの論理』で3つのモデルを提唱しています（図表005）。人間は仕事を嫌がるものと捉え「厳しく監督する」伝統モデル、人間は承認されたいものと捉え「話を聞く」人間関係モデル、人間は目標に意義ある貢献したいものと捉え「環境を与える」人的資源モデル。マネジャーは意識的または無意識的に、いずれかのモデルでメンバーに関わっています。その根底には「人間はどのように仕事に取り組むものか」という「人間観」があります。

■ 全てのメンバーが能力を発揮して
　貢献できる環境を創造する

当書では、人を信頼しその可能性を最大に伸ばす「全てのメンバーが能力を発揮して貢献できる環境を創造する役割」という人的資源モデルを1つのマネジャーの理想として掲げたいと思います。

■ 自覚的・選択的に必要な役割を担う

しかし実際には、業態や組織状態、そしてそのメンバーの状態によって、伝統モデルのように厳格な指示命令が求められる時もあれば、人間関係モデルのように信頼関係を作ることが必要な時もあります。全てを人的資源モデルで解決できるとは限りません。マネジメントとは「なんとかする」こと（ツボ001参照）。マネジャーが必要に応じて自覚的・選択的に役割を担うことが求められるのです。

次のツボ006では、人材マネジメントの構成要素を見ていきます。

全てのメンバーが能力を発揮して 貢献できる環境を創造する役割

図表005

マネジメントの論理3つのモデル

	伝統モデル	人間関係モデル	人的資源モデル
人間観	人は生まれつき仕事を嫌がるもの ・仕事で得られるものの中で収入が一番重要。創造性・自己管理を要する仕事は望まない。 ・仕事が単純で厳しく統制されているときに生産性は上がる。 ・給与に納得できて上司が公平であれば、人は仕事に耐えることができる。	人は自分が有用で重要だと感じたいもの ・人は帰属することと個人として認められることを望む。 ・これらの欲求は金銭よりも重要である。	人は意味ある目標に対して貢献したいもの ・人は意味ある目標に対して貢献したい。目標設定に自分が関わっているならなおさらである。 ・人は創造的であり、責任を持って自己管理を行うことができる。
マネジャーの役割	部下を厳しく監督し統制すること ・仕事を単純で反復的で容易に習得できる作業に分割する。 ・仕事の詳細の手順・手続きを確立し厳格に実施する。	一人ひとりに「あなたは有用であり重要である」と感じさせること ・モラルを向上させ部下が喜んで協力する関係を作る。 ・計画を示し部下の反対意見を聞く。 ・部下の日常的な物事に対して自己管理と自己統制を許す。 ・部下と情報を共有し日常的な決定に参画させる。	全員が能力を限界まで発揮して貢献できる環境を創造すること ・未開発の人材を活用していく。 ・部下の影響力、自己管理の範囲を拡大することで、仕事が直接改善されていく。 ・部下が知識・経験・スキルを伸ばしまた十分に活用することで満足度が高まる。

（伊藤健市『資源ベースのヒューマン・リソース・マネジメント』を元に作成）

▶ どんな人間観でマネジメントしているのか、前提の「自覚」が最も重要です　　*HINT*

Q 人材マネジメントは何によって構成されるのか？

■人材マネジメントの構成要素

人材マネジメントは6つの要素から構成されています（図表006）。これは人事測定研究所編『トータル人事システムハンドブック（HRR）』の内容をモデル化し企業へのコンサルティングの実践で磨いて作成したものです。各要素についてはChapter 2以降で考えていきますが、ここではその概要と、要素間の結びつきを確認します。

人事評価：人事評価とは「やってもやらなくても同じ」という悪平等をなくすためのものです。等級に応じて人事評価を行い、評価結果が他の各要素へ影響していきます（Chapter 2）。

報酬：報酬とは賃金に限らず働くことによって得られるものすべてです。等級によって報酬の水準が設定され、人事評価によって実際の報酬が決定されます（Chapter 3・4）。

等級：等級とは人材マネジメントのコンセプトを具現化したものです。社員のランキングの基準であり報酬の根拠となります（Chapter 5）。

リソースフロー：リソースフローとは人材が入社してから退職するまでの一連の流れです。採用要件は等級に紐付けて設定します。異動配置では人事評価結果をもとに適材適所が検討されます。代謝もまた評価情報によって決定されます（Chapter 6・7）。

人材開発：人材開発とは一人ひとりの成長に対して企業が意志を持って行う投資です。ビジョンや戦略を達成するために必要な人材を育て、そしてビジョンや戦略を生み出す人材を輩出します。仕事の経験によって人は育つため異動が重要となります（Chapter 8）。

組織開発：組織開発とは組織の効果を高める計画的な取り組みです。組織プロセスを変革し、人と人との関係性にアプローチします（Chapter 9）。

このように人材マネジメントの構成要素はお互いに有機的に結びついています。要素自体の質も大切ですが、結びつき方によっても人材マネジメントの効果は変わってきます。次のツボ007では効果的な人材マネジメントの特徴について確認します。

図表006

人材マネジメントの構成要素

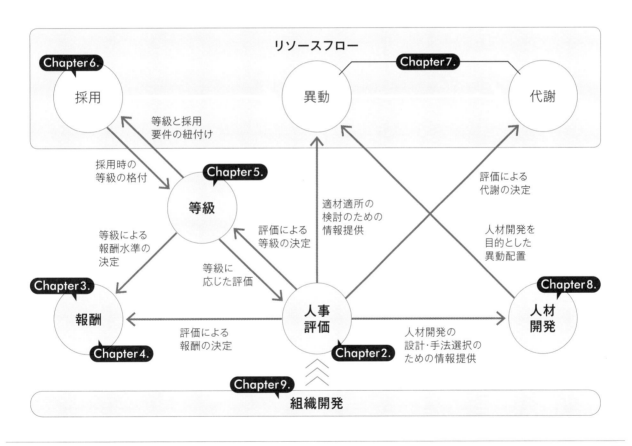

▶要素が有機的に結びついて人材マネジメントは機能しています　HINT

■ **人材マネジメント施策はメッセージ**

効果的な人材マネジメントには特徴があります。それは環境への「適応性」があり、施策の「一貫性」があることです。

人材マネジメント施策は、1つひとつがメンバーへの、そして世の中へのメッセージです。「なぜ今それをやる必要があるのか」がわかり（適応性）、「何をしようとしているのか」を明確に指し示していること（一貫性）が重要です。

100 の ツ ボ
007

■ **環境への「適応性」 外部フィット**

1984年に出版されたミシガンモデル（ミシガン大学の研究）によれば、経済・政治・文化などの外部環境、ミッション・経営戦略・組織構造などの企業の内部環境との関係によって最適な人材マネジメントは異なります（図表007左）、これが環境への「適応性」です。研究者ストーリーは企業の外部と人材マネジメントがフィットしている状態「外部フィット」だと表現しました。

■ **施策の「一貫性」 内部フィット**

採用と選抜・人事評価・報酬・人材開発といった人材マネジメント施策同士の組み合わせが組織と個人のパフォーマンスに影響を与えます（図表007右）、これが施策の「一貫性」です。ストーリーは企業内部で人材マネジメントがフィットしている「内部フィット」だと表現しました。

人事コンサルタントとして日本企業の人材マネジメントを支援してきた経験からも、「適応性」と「一貫性」が一番重要だと考えています。あなたの会社の人事施策は「なぜ今」「どんな状態にするために」行っているのでしょう。明確に指し示されていますか？

次のツボ008、009では、日本の人材マネジメントに着目します。

A 環境への適応性と、施策の一貫性

図表007

ミシガンモデル

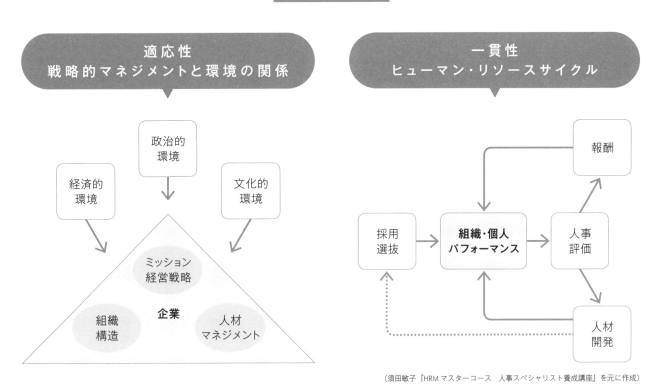

適応性
戦略的マネジメントと環境の関係

政治的環境

経済的環境

文化的環境

ミッション
経営戦略

企業

組織構造

人材マネジメント

一貫性
ヒューマン・リソースサイクル

報酬

採用選抜

組織・個人パフォーマンス

人事評価

人材開発

（須田敏子『HRM マスターコース　人事スペシャリスト養成講座』を元に作成）

▶ 何を、なぜ、行うのか「指し示す」ことが人材マネジメントでは最も重要です HINT

■ 人 と 事 の 縞 模 様

　日本の人材マネジメントの歴史を見ると（図表008）、「人」と「事」の縞模様が交互に訪れていることがわかります。

　1991年以前の高度経済成長の時は「人」の時代です。企業は従業員に高い忠誠心を求める代わりに、終身雇用と年功序列でその生活を守りました。バブルが崩壊すると一転して「事」がフォーカスされます。新卒採用を抑制し即戦力を求め人員構成は歪んでいきます。金融破綻によってリストラが進み、失業率の高まる不安の中、グローバルスタンダードの流れから成果主義が導入され、働く人には自立が求められていきました。2005年前後は再度「人」が注目されます。経済がやや安定し落ち着いて見渡してみると少子高齢化が進んでいます。ダイバシティ、従業員満足度、ワークライフバランスといった言葉が流行のように語られていきました。そして2008年の世界同時不況によってまた「事」へ……。

　経済が成長・安定している平時には中長期を見据えた「人」への投資がなされるが、経済危機になると企業の成果「事」に向けて短期的に人をモノとして扱ってしまう、そしてまた経済的に余裕が出ると人に再注目する、この人と事の縞模様に働く人は翻弄されてきました。

■ 理 想 に 立 ち 戻 り 続 け て き た 日 本 企 業

　日本では近江商人の「売り手よし、買い手よし、世間よし」の「三方よし」や、松下幸之助の「企業は社会の公器」という言葉のように、「世のため、人のため」に頑張ることが企業にとって理想であると昔から考えられてきました。決して理想の状態だけではなかった。それは間違いなく現実でしょう。しかし、激しい時代の波の中で「人を大切にする」理想に毎回立ち戻り続けてきた。これもまた日本企業の現実だと思うのです。

　次のツボ009では日本の人材マネジメントの特徴を捉えます。

平時には「人」への投資がなされ、危機になると「事」に向かってきた

図表008

日本の人材マネジメントの変遷

	～1991 バブル経済以前	1992～1997 バブル経済の崩壊	1998～2005 グローバルスタンダード	2005～2008 人へ再注目	2008～ 世界同時不況とその後
日本	高度経済成長 ・ジャパンアズナンバーワン ・売上は伸び続ける前提 ・恒常的な「長時間労働」 ・専業主婦	バブル崩壊 ・多角化事業の不良資産化 ・大量の就職難民 ・フリーターの爆発的な増加	金融機関 経営破綻 ・多くの企業が一斉にリストラを開始 ・急激な失業率の上昇	少子高齢化 ・団塊世代の退職で、長期的な労働力の確保に意識が向く	金融不況 ・世界同時不況で、輸出産業であるエレクトロニクスと自動車メーカーに影響 ・地方経済に大打撃
企業	終身雇用 ・雇用と生活を会社が保証 年功序列 ・若い労働者を基盤としたピラミッド型の人員構成	新卒採用抑制 ・採用凍結・内定取り消し 即戦力化 ・新人を育てる余裕なし ・短期間で習熟を求める	リストラ・BPR ・リストラ・早期退職者募集 成果主義の導入 ・総額人件費の圧縮 ・優秀な若手の離職防止	人に優しいマネジメント ・従業員の満足度 ・メンタルヘルス ダイバシティ ・女性活用や高齢者活用 ・女性管理職比率目標	派遣切り 雇用調整 ・景気変動に耐える想定内の対処 一体感ある共同体の模索 ・実質的終身雇用の増加 ・年功序列的な賃金体系
従業員	高い忠誠心 ・大切にされている実感 ・会社に対する強い依存 ・身近なロールモデルが存在	人員構造の「歪み」 ・いつまでも新人の仕事 ・つながりが生まれない ・ノウハウの継承が進まない	求められる自律 ・人ではなく成果に注目 ・雇用不安・メンタル不全 ・高い業績プレッシャー	多重責務者のマネジャー ・個人成果、職場、コンプライアンス、ダイバシティ推進、などでオーバーフローに	非金銭的報酬 ・意欲を高めるのは、金銭やポストよりも仕事、職場の人間関係、承認

（古野庸一・小野泉『「いい会社」とは何か』を元に作成）

▶ 人と事の縞模様、今はどちらの時代なのでしょうか？　HINT

100 の ツ ボ
009

■ ポスト可変契約

　日本の人材マネジメントの特徴は、新卒の一括採用、転職が一般的ではないこと、未経験者の育成が得意なこと、長時間労働が多くワークライフバランスが整わないこと、女性活躍が遅れていること、などがあります。その根底にあるのはいったい何でしょうか。海老原嗣生／荻野進介『名著17冊の著者との往復書簡で読み解く　人事の成り立ち』によれば、それは「ポスト可変契約」です（図表009）。欧米では社員の職域や勤務地域は本人の同意がない限り変更できませんが、日本では企業が強力な人事権を持ち、正社員を自由自在に配置することができます。

■ シームレスで柔軟な育成

　ポストに制限がないため、①できそうなタスクを集めて任せる、②習熟に応じてタスクを改編する、③キャリア形成を考え配転する、そんなシームレスな育成が可能となり正社員は成長の階段を作り続けることができます。一方、そうして培った技能はその企業固有であり転職は困難になります。またタスクに慣れてくるとさらに難しい仕事に移されるため、長時間労働が常となってしまいます（ツボ079参照）。

■ 魔法の人員補充

　退職などでポストに空席が出た場合、欧米では社内異動が困難なため苦労して外部から採用してこなければなりませんが、日本では横異動や内部昇格によって空席を簡単に補充でき、玉突き連鎖の結果、最後の空席は新卒採用入社者で賄うことができるのです。

■ 正社員は誰もが階段を上がれる

　入社してしまえば「誰もが階段を上がれる」状態を目指す、それが日本の人材マネジメントです。一億総中流と言われるように、正社員は全員「幹部候補」と言われ、もし幹部になれなかったとしても50歳で初任給から2〜2.5倍の年収になります（欧米では1.2倍程度）。一方で、その階段に乗らなかった人は冷遇されるという大きな問題を抱えています。

　さて、これからの人材マネジメントはどうなるのでしょうか？　Chapter 1最後のツボ010で考えていきましょう。

配転・異動が会社の意のままになる「ポスト可変契約」によって「誰もが階段を上がれる」人材マネジメント

図表009

ポスト可変契約とポスト固定契約の違い

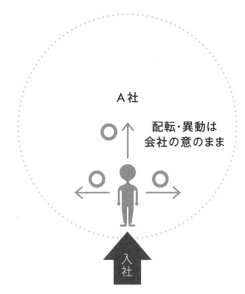

日本企業
ポスト可変契約

A社

配転・異動は
会社の意のまま

入社

「会社」という大きな器に入る

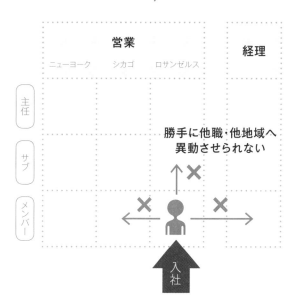

欧米企業
ポスト固定契約

営業　　　　　　　　　　　経理

ニューヨーク　シカゴ　ロサンゼルス

主任

サブ

メンバー

勝手に他職・他地域へ
異動させられない

入社

会社内の1つの「ポスト」に入る

（海老原嗣生 / 荻野進介『名著17冊の著者との往復書簡で読み解く　人事の成り立ち』を元に作成）

▶ 当然だと思っている雇用の前提も、実は国や企業によって異なります　HINT

■不易流行

「不易流行」とは松尾芭蕉が奥の細道において俳句の極意として示した言葉で、いつまでも変化しない本質的なもの（不易）を中心として、時代の変化（流行）を取り入れていく、という意味です。

人材マネジメントを学んでいると、現在流行している施策は実はずっと以前から言及されてきた原理原則だったと驚くことが度々あります。例えばこの近年流行したマインドフルネスは2500年前の仏教から来ていますし、ティールやホラクラシーは道教の自然（じねん）ですでに近いことが言われています。アジャイル開発のスクラムは野中郁次郎による日本製造業の研究から、Google社のグッドマネジャー8つの条件は海軍大将山本五十六の言葉そのものです。

これからも新しい流行は起こり続けますが、その中で変わらない不易、原理原則を知ることが重要だと強く思うのです。

■長寿かつ好業績「いい会社」の特徴

日本は長寿企業の数が世界一多い国です。世界最古の企業も日本にあります（578年創立の金剛組）。世界でも創業200年以上の企業のうち半数以上は日本企業だそうです（ツボ086参照）。

古野庸一と小野泉は、30年以上好業績かつ100年以上の長寿企業を「いい会社」としてその特徴を探っています（図表010）。

「いい会社」は、自らの存在意義を自覚し、その意義に沿って経営を行い、信頼のベースを形成している。そして、社員と向き合い続けている。社員を信頼し、社員の志向・価値観を尊重し、自律性を促し、社員の持っている力を引き出すことによって、業績を高めている。社員一人ひとりに仕事の意義を語っている。（古野庸一、小野泉『「いい会社」とは何か』P216）

「世のため、人のため」という理想に向かう、人材マネジメントの不易がここにあるのではないでしょうか。

図表010

「いい会社」が行っていること

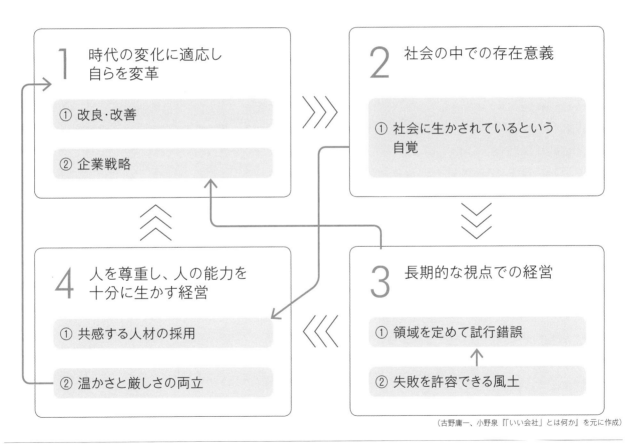

1 時代の変化に適応し
自らを変革

① 改良・改善

② 企業戦略

2 社会の中での存在意義

① 社会に生かされているという
自覚

4 人を尊重し、人の能力を
十分に生かす経営

① 共感する人材の採用

② 温かさと厳しさの両立

3 長期的な視点での経営

① 領域を定めて試行錯誤

② 失敗を許容できる風土

（古野庸一、小野泉『「いい会社」とは何か』を元に作成）

▶「世のため、人のため」という当たり前をやり続けることが長寿の秘訣です　HINT

4 社の実例

この「4社の実例」では、実際の企業がどのように人材マネジメントを実践しているのかを紹介します。企業規模（ベンチャー・中小企業、グローバル・大手企業）と、育成雇用のスタンス（流動・排出を推奨するか、長期・育成に注力するか）から4タイプの企業を選出し、各社が「人材マネジメント」において何を大切にしているのかを取り上げました（各社のWebサイトをもとに作成）。

実例1. サイボウズ社
「100人100通りの働き方」

ベンチャー中小・流動排出タイプのサイボウズ社は、ワークスタイルとして「多様な働き方へのチャレンジ」を掲げています。「チームワークあふれる社会を創る」という理想に共感する「多様な個性の組み合わせ」こそが、サイボウズのチームワークをつくり、イノベーションを生み、楽しいことが起こり続けると考えているためです。ただし制度もツールも使いこなせるかどうかはヒト、そしてそのチーム次第。風土づくりにこそ力を入れています。多様性を尊重する、公明正大である、議論を大事にする、そんな風土があってこそ「多様な働き方」は実現できるのです。

実例2. アカツキ社
「成長し、つながることによって幸せを生み出す組織」

ベンチャー中小・長期育成タイプのアカツキ社は、組織ビジョンとして「成長とつながり」を掲げています。つまらなそうに仕事して、週末だけ楽しむ人生なんてもったいない。仕事している時間も、それ以外の時間もワクワクに満ちあふれている。アカツキの仲間にはそんな毎日を送ってほしいと考えています。だからこそアカツキで仕事をすることで、幸せになるような組織を目指しています。そのために、組織として「一人ひとりの成長と様々なつながり」を生み出していくことを大切にしています。

実例3. リクルート社
「一人ひとりが起業家精神を持ち成長を続ける」

グローバル大手・流動排出タイプのリクルート社は、人材開発方針として「価値の源泉は人」を掲げています。「一人ひとりが起業家精神を持ち成長を続ける」ことが前提であるため「成長する機会を提供する」ことが人材マネジメントの役割と捉えています。評価や育成の場面では、特に「自分はどう考え、何をすべきだと思っているのか」

を常に問う「圧倒的な当事者意識」を持つ人材であることを重視しています。

実例4.トヨタ社
「中長期的な視点からの人材育成」

　グローバル大手・長期育成タイプのトヨタ社は、教育・人材育成の理念として「モノづくりは人づくり」を掲げています。中長期的視点から組織全体の底上げをはかり、結果として組織全体でのパフォーマンスを高めることを目指しています。従業員の育成は重要な経営投資なのです。

　人材育成の基本は業務を通じたOJTであり、部下育成こそ上司の最も重要な責務です。そして人事異動は人材育成の有効かつ重要な手段であり、仕事を通じた自己成長の機会を提供することが、会社として従業員に示すことのできる最も大きな人間性尊重の姿だと考えています。

　グローバル大手タイプの2社は「成長の機会」を提供することが特徴です。また流動排出タイプの2社は個性、自分などの「個人」を重視した表現となっています。

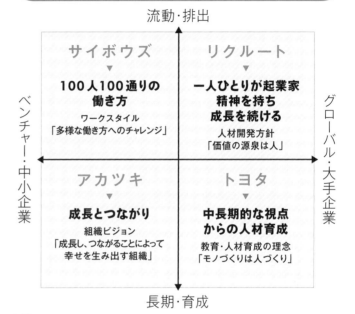

人材マネジメントにおいて大切にしていること
（方針・ポリシー）

流動・排出

ベンチャー・中小企業 ／ グローバル・大手企業

サイボウズ
100人100通りの働き方
ワークスタイル
「多様な働き方へのチャレンジ」

リクルート
一人ひとりが起業家精神を持ち成長を続ける
人材開発方針
「価値の源泉は人」

アカツキ
成長とつながり
組織ビジョン
「成長し、つながることによって幸せを生み出す組織」

トヨタ
中長期的な視点からの人材育成
教育・人材育成の理念
「モノづくりは人づくり」

長期・育成

企業概要

サイボウズ株式会社

設立	1997年
社員数	659名(2018年12月末連結)
売上	13,417百万円
経常利益	1,804百万円(2019年12月期連結)
事業	グループウェアの開発、販売、運用チームワーク強化メソッドの開発、販売、提供

株式会社アカツキ

設立	2010年
社員数	390名(臨時雇用年平均478名)(2019年3月末連結)
売上	28,130百万円
経常利益	13,502百万円(2019年3月期連結)
事業	モバイルゲーム事業、ライブエクスペリエンス事業

株式会社リクルートホールディングス

創業	1960年
社員数	45,856名(2019年3月末連結)
売上	2兆3,107億円
営業利益	2,230億円(2019年3月期連結)
事業	HRテクノロジー事業、メディア&ソリューション事業、人材派遣事業

トヨタ自動車株式会社

創業	1937年
社員数	370,870名(2019年3月末連結)
売上	30兆2,256億円
営業利益	2兆4,675億円(2019年3月期連結)
事業	自動車の生産・販売

まとめ

　複雑で捉えにくい「人材マネジメント」、その全体像が見えてきたでしょうか。Chapter1.のまとめとしてツボ001〜010のＱ＆Ａを一覧としています（右表）。

　また、人事担当者、管理職（マネジャー）、経営者、人材・人事業界の方それぞれに向けてこの「人材マネジメント」でお伝えしたいメッセージを記載しています。

人事担当者の方へ

　人事とは「人を生かして事を成す」役割です。人事担当者にとって大切なのは「流行」に左右されず、「一貫」して自社の人事施策を行うことで成果を最大化すること。原理原則と日本企業の実態から「人事としての持論」を形成していくために、まずこの第1章では、人材マネジメントで何を考えていけば良いのか、全体を大きく把握してください。

管理職（マネジャー）の方へ

　人事部門が全社の人材マネジメントを支援する役割、言わば名脇役だとすれば、マネジャーとは「全てのメンバーが能力を発揮して貢献できる環境を創造する」役割、つまりは人材マネジメントの主役です。重い役割にギョッとされたかもしれません。しかしマネジメントとは「なんとかする」こと。そのために自社や日本企業の特徴と原理原則を知り、組織の成果をあげる道具としてください。

経営者の方へ

　経営者の人材マネジメントにおける役割は、自社の大きな方針を「指し示す」ことです。外部環境が変わり続ける中で、どのように世の中に「適応」し、何を「一貫」させていくのか。言っていることと、やっていることが一致している企業に優秀な人材は集まり定着します。変えなければならないところと、変えてはならないところを明確にして「人を生かし、短期・長期の組織パフォーマンス」を最大化していきましょう。

人材・人事業界の方へ

　人材紹介や人事コンサルタントなどの人事業界の方は、自身のドメイン（領域）だけではなく、人材マネジメント全体を俯瞰する視点が必要です。顧客企業への貢献価値を最大にするため、このChapter1.の内容を「自分の提案・サービスは全体にどう影響するのか」を正しく知る地図として活用してください。

　この先は人材マネジメントの具体的な機能について学んでいきましょう。次のChapter2.では人材マネジメントの中心的な機能である「人事評価」からスタートします。

100の ツボ	Q	A
001	マネジメントとは何か？	組織が成果を出すために「なんとかする」こと
002	そもそも「人材マネジメント」とは何か？	アメリカで発祥した「人に投資するマネジメント手法」
003	人材マネジメントの歴史は？	100年前、工場の効率化を調べる実験をきっかけに始まった
004	人材マネジメントの目的とは？	人を生かし、短期・長期の組織パフォーマンスをあげること
005	マネジャーはどのような役割を果たすべきか？	全てのメンバーが能力を発揮して貢献できる環境を創造する役割
006	人材マネジメントは何によって構成されるのか？	人事評価、報酬、等級、リソースフロー、人材開発、組織開発の6要素
007	効果的に人材マネジメントを行う上で重要なことは？	環境への適応性と、施策の一貫性
008	日本で人材マネジメントはどのように行われてきたのか？	平時には「人」への投資がなされ、危機になると「事」に向かってきた
009	日本の人材マネジメントの特徴とは？	配転・異動が会社の意のままになる「ポスト可変契約」によって「誰もが階段を上がれる」人材マネジメント
010	これから人材マネジメントはどうなる？	不易流行。流行は起こり続けるが、その中で原理原則は変わらない

「ホーソン実験」は人材マネジメントの起源とも呼べる実験です。

作業環境が良くなると作業能率が上がるという仮説が「照明実験（1924-）」によって崩れてしまったため（ツボ003参照）、その謎を解明すべくハーバード大学からメイヨーやレスリスバーガーが招かれます。彼らは「リレー組み立て実験（1927-）」を行いました。6人の女性作業員を対象に、賃金・休憩時間・部屋の温度など様々な作業環境を変えながらリレー（継電器）の組み立てを行ってもらい、その生産性から作業能率を計測したのです。

その結果、賃金・休憩時間などの条件が改善されると作業能率は向上したのですが、条件をもとに戻しても作業能率は上昇を続けます。照明実験の時と同じく、作業環境と作業能率はリンクしていないことがわかり、これは「心理的な理由」が影響していたのではないかと分析が進みます。有名なハーバード大学の実験であること、そこに自分たちが特別に選ばれたと誇りに思っていたこと、6人は仲間意識が強かったこと、などが作業効率を上げているのではないかと考えたのです。

さらに実験は続き、2万人以上の従業員への「面接実験」、「バンク配線作業実験」を経て、「周囲からの注目がモチベーションを高める」こと、「非公式な組織（インフォーマル組織）が行動を決める」ことが発見されました。

実はこの研究結果については批判や異論も多くあるようです。しかし、ここから合理よりも人間に着目する「人間関係論」がスタートし、マズロー「欲求段階説」、マグレガー「X理論・Y理論」、ハーズバーグ「動機づけ衛生理論」といった原理原則が生まれました。ホーソン実験は人材マネジメントの新時代を切り拓いた出来事なのです。

Chapter 2.

人事評価

なぜ不満に思われても 人事評価を行わなくてはならないのか？

■ 人事評価に不満はつきもの

世の中の半数程度の社会人は人事評価に不満を持っているそうです（『人事評価制度に対する意識調査』（2017/5/26、リクルートマネジメントソリューションズ））。私も毎年数多くの評価面談に同席しますが、涙を見ない年はありません。先日も、優秀な若手社員が「僕は、評価されるために仕事をしているわけではありません！」と強い口調で言い切ったシーンに立ち会いました。さあ困ったな、と思いながらも彼の気持ちもわかる気がしました。私自身も他者から評価されることに葛藤してきたからです。

■「仕事をやってもやらなくても同じ」 という悪平等をなくすもの

では、そんな不満を与えながらも企業が人事評価を行うのはなぜでしょうか？ それは「仕事をやってもやらなくても同じ」という悪平等を回避するためです。評価が嫌だ。その気持ちはわかりますが、ではどうなれば嬉しいのでしょうか？人事や経営層が直観で給与を決めた方が良いのでしょうか？（直観も厳密にいえば評価です）。そして給与以外の処遇に必ず差はつきます。例えば仕事のアサインや勤務地などにおいて完全に同じ条件（処遇）は不可能です。それらを何の根拠をもって行えば良いのでしょうか。処遇には必ず格差がある。それを決める根拠が評価結果です。ご

まかさず、何によって差をつけるかを明確にしている企業こそ誠実ではないでしょうか。

■ 人材マネジメントにおける判断の根拠となる

図表011は人事評価が他の機能とどう繋がっているかを示しています。人事評価が人材マネジメントの中心にあり、その結果が他の要素に強い影響を持っていることがわかります。人事評価の結果は人材マネジメントにおける判断の根拠となる情報なのです。

次のツボ012では人事評価の目的を確認します。

図表011
人事評価と他の要素との関係

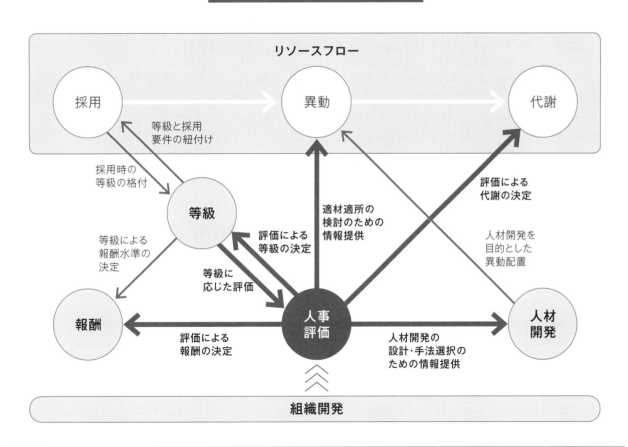

リソースフロー

採用 → 異動 → 代謝

等級と採用
要件の紐付け

採用時の
等級の格付

適材適所の
検討のための
情報提供

評価による
代謝の決定

等級

等級による
報酬水準の
決定

評価による
等級の決定

人材開発を
目的とした
異動配置

等級に
応じた評価

報酬

人事
評価

人材
開発

評価による
報酬の決定

人材開発の
設計・手法選択の
ための情報提供

組織開発

▶人事評価は人材マネジメントの中心にあり、他の要素に強い影響を与えます

HINT

Q 人事評価によって目指すべきものとは？

人事評価の目的は3つあります。「公平感ある処遇の分配」「社員の活用と育成」「企業文化の醸成」です。

■1．公平感ある処遇の分配

処遇の分配とは、宝の山分けのことです。宝（企業の利益）は有限なので、誰がどれくらいの分け前（賃金）を貰えるのかは、とても大きな関心事となります。厳密には、賃金だけでなく、仕事のアサインや勤務地、福利厚生や椅子の大きさまで、社員への遇し方のすべてが含まれます（Chapter 3参照）。そして難しいのは「公平」とは与えるものではなく感じるものだ、ということです。ここに「不満」が生まれる原因があります（ツボ014参照）。

■2．社員の活用と育成

社員の活用と育成は人事評価の大切な目的です。賃金額を決めて伝えるだけの評価は最悪です。「お上からのお達し」となり労使間の感情的対立を煽る結果となるでしょう。人事評価とは、一人ひとりがどうすれば活躍できるか、これからどう成長するべきかを検討し、異動・配置・仕事のアサインも含め、必要な援助を共に考えるためのものです。現状をしっかり評価しなければ、適切な活用や育成は期待できません。

■3．企業文化の醸成

もう1つ忘れてはいけない目的は、「企業文化の醸成」です。人事評価におけるフィードバックの積み重ねが企業文化を作っていきます。「何を評価するか」は企業の重視する価値を直接的に表したものであるからです。中長期的に見ると、組織にとって人事評価の一番大切な目的は、実はここなのです。

次のツボ013では「公平感」について考えます。

公平感ある処遇の分配、社員の活用と育成、
企業文化の醸成

図表012
人事評価の目的

人事評価の目的

公平感ある
処遇の分配

・給与をはじめとした処遇全般を山分けする
・公平とは受けとる側の主観

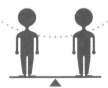

社員の
活用と育成

・一人ひとりがどうすれば活躍できるか、これからどう成長するべきかを検討する
・異動配置アサインを含めて必要な援助を共に考える

文化の醸成

・企業が重視する価値を直接的に表したものが人事評価
・フィードバックの積み重ねが中長期的に企業文化を作る

▶つい処遇に偏りがちな人事評価、育成と文化を忘れないようにしましょう　HINT

■公平感とは受け取る側の主観

「公平感」のある人事評価が目指すべき理想です。しかし公平感とは受け取る側の主観なのです。どんなに人事制度が精緻で合理的であっても、上司が正しく伝えても、納得するとは限らないのです。しかし、諦めてはいけません。必ずできることがあります。

■2つの公平感

公平感は大きく2つあります（**図表013**）。他者と比較して分け前が公平である「分配の公平感」と、評価の内容とプロセスが透明である「手続きの公平感」です。企業では、資金もポジションも制限があるため、誰もが満足する分配の公平感は実現困難なことがあります。しかし手続きの公平感は実現可能であり、人事評価の設計と運用において非常に重要です。

■手続きの公平感を担保する

評価項目、評価基準、評価者、評価結果などの評価の内容が公開されていること（評価内容の透明性）、そして自己評価が反映されること、評価ミーティングですり合わせができること（評価プロセスの透明性）によって手続きの公平感を担保することはどの企業にも可能です。さらに手続きの公平感を向上させるために、人間関係に焦点を当てることが近年着目されています。丁寧な

フィードバック、意見を真摯に聞こうという姿勢が一次評価者である上司や人事スタッフから感じられることで、公平感は向上するのです。一次評価者の人選と教育が問われることとなります。

次のツボ014では一次評価者の役割について確認します。

A 他者と比較して分け前が適切だと思えること、評価の
内容が公開されていて評価プロセスに参画できること

図表013
2つの公平感

分配の公平感 Adams 1965	手続きの公平感 Brockner and Wiesenfeld 1996
他者と比較して分け前が公平である 人は自分が仕事に投入したものすべて（努力・経験・スキル・知識など。インプットと呼ぶ）と仕事から得たものすべて（賃金・昇進・昇進に伴う特権・社会的ステータスなど。アウトプットと呼ぶ）の割合と、他者のインプットとアウトプットの割合を比較して、同じ比率だと感じたときに公平感を得て、異なっている場合には不公平だと感じる。	**評価の内容とプロセスが透明である** **1. 評価内容の透明性** 評価項目・評価基準の公開、評価者の公開、評価結果の公開 **2. 評価プロセスの透明性** 被評価者の参画（自己評価の提出・上司との評価ミーティングの実施）
不公平を感じる場合には、人は公平感を得られるように様々な働きかけを行う。特に自分のアウトプット比率が低いと感じたときは何らかの行動を起こす。それでも公平感を達成できない場合はその場を去る（退職する）、仕事に対するモチベーションを下げるなどの結果となる。	分配に対して公平感を持っている場合は、人は手続きの公平感に関心を持たないが、分配の公平感が崩れると手続きの公平感に関心を持つ。手続きの公平感が保たれている場合はひどくモチベーションを低下させることはないが、分配の公平感も手続きの公平感も実現できないとモチベーションが低下する。

（須田敏子『HRM マスターコース　人事スペシャリスト養成講座』を元に作成）

▶公平感とは受け取る側の「主観」、その厳しい現実を直視しましょう　HINT

■一次評価者の役割は「正しく見る」こと

「正しく見る」ことが人事評価における一次評価者の役割です。人事評価は人材マネジメントにおける判断の根拠(ツボ011参照)となるため、ここで誤ると全ての判断が歪んでしまいます。

■1. 評価の責任を持つこと

一次評価者はそのメンバーの給与や処遇、さらには中長期の成長やキャリアに責任を持ちます。一次評価者は自分の判断が覆されそうになったら上司や人事と戦うことも、部下の成長のために部下から嫌われることも覚悟の上で厳しい評価を伝えることも必要なのです。つまり一次評価者は日々の仕事を見ている直属の上司が担うべき役割だと言えます。

■2. 適正な人数の評価を行うこと

一次評価者の下に何十人ものメンバーがぶら下がっていることがありますが、これでは人事評価は機能しません。見ることができる範囲(マネジメントのコントロールスパン)は7名までです。それを超える場合は、チーム編成を考え直しましょう。

■3. すりあわせ会議で主観を磨きあうこと

人事評価とは「主観」です。ここに人間が人間を評価する難しさがあります。つまり評価者によって必ず差がでるということです(ハロー効果/中心化傾向/直近効果/厳格化・寛大化傾向)。その前提の上で、評価のばらつきを最小限にとどめる方法が「すりあわせ会議」です。一次評価者が集まり、お互いの主観を磨き合い「自社にとって価値ある成果や行動」とは何かを考える本質的なマネジメント力向上の場となります。「主観」をピカピカに磨かねばならないのです。

次のツボ015では何をどうやって評価するか、対象と手法を確認します。

A メンバーの成果と行動をよく見て、その価値を判断すること

図表014

正しく見るために

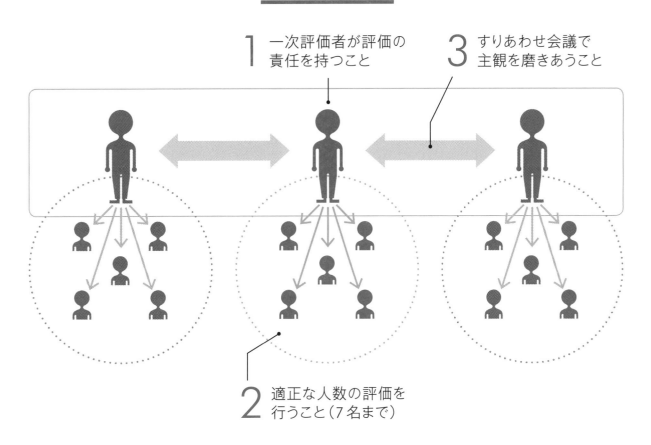

1 一次評価者が評価の
責任を持つこと

3 すりあわせ会議で
主観を磨きあうこと

2 適正な人数の評価を
行うこと（7名まで）

▶評価とはどうしても人の「主観」、その前提で磨き続けることが重要です

HINT

Q 何をどうやって評価するのか？

人事評価の対象は「仕事の結果」「行動」「個人的特性」の3つです（図表015）。

■1．仕事の結果

1つ目は仕事の結果です。業績、成果などとも呼ばれます。売上や利益などの営業数字、作り上げた製品などはもちろん、業務改善やミス削減、定常業務の遂行なども立派な成果です。いま日本で多く使われている手法は目標管理（MBO）です（ツボ016と017参照）。期初に立てた目標に対して、期末にどれくらい達成できたか（達成度）を振り返り、それを仕事の結果とします。反映先としては、多くの企業では半期ごとの賞与として処遇しています。

■2．行動

2つ目は行動です。行動評価、能力評価、情意評価、コンピテンシー評価などの手法があります（ツボ018参照）。能力や意欲は目に見えないため測り難いものです。しかし、行動した事実は観察できます。行動から類推して、能力がある、意欲がある、と捉えることになります。多くの企業では行動の評価を、昇進、昇格、昇給に反映しています。

■3．個人的特性

最後は個人的特性です。知識、スキル、基礎能力、性格特性などを指します。採用時や大きな異動、役員や重要な役職への登用時に参考にします。仕事の結果、行動とは異なり個人的特性は目に見えません。適性検査やアセスメント、資格試験、技能テストなどの手法を使って把握することになります（ツボ057参照）。

ツボ016〜18では評価の方法である目標管理（MBO）、コンピテンシーについて確認します。

A 仕事の結果、行動、個人的特性を評価する。手法は
目標管理（MBO）、コンピテンシー、適性テストなど

図表015
人事評価の対象

人事評価の対象 見る事実		人事評価の方法 種類·呼び方		人事評価の反映先 処遇
仕事の 結果	>>>	目標管理（MBO）·OKR 業績評価·成果評価	>>>	賞与
行動	>>>	コンピテンシー 能力評価·行動評価 情意評価·意欲評価	>>>	昇進·昇格 月給の昇給
個人的特性 基礎能力·性格特性	>>>	適性検査·資格検査 技能テスト·性格検査 アセスメント·面接	>>>	採用·異動 役員登用

▶何の事実を、どんな方法で評価して、どこに反映させるかを設計します　　HINT

Q 目標管理（MBO）とは何か？

「仕事の結果」を評価する方法としてよく使用されている目標管理（MBO）について確認しましょう。

■目標管理（MBO）の最大のポイントは Self-control

目標管理（MBO ＝ Management By Objectives and Self-control）とは、P. F. ドラッカーによって提唱されたマネジメント哲学です。目標を手がかりにすることで自らの仕事ぶりをマネジメントすることを言います。一人ひとりが責任を持って目標を立て、目標に照らして自らの成果を評価できなければなりません。Self-control（自己管理）による強い動機づけが最大のメリットなのです。

■日本企業の目標管理制度

多くの日本企業は目標管理を取り入れていますが、実態としてはただのノルマ管理となってしまうことがよくあります（**図表016参照**）。必達すべき数字として上司から落ちてくるようでは、MBOではありません。重要な「and Self-control」の部分が消えてしまっています。

■目標を双方の合意で握手する

組織の「やってほしいこと」を押し付けるだけでもなく、個人の「やりたいこと」を主張するだけでもなく、双方の「握手」の上で理想的な目標を立てる。**図表016**の 1. 葛藤克服型MBOにあるとおり、そこには葛藤があり、克服するためには様々な工夫と双方の努力が必要になります。P. F. ドラッカーは『プロフェッショナルの条件』においてMBOの「第一の目的は、上司と部下の知覚の仕方の違いを明らかにすることにある」と言っています。上司と部下が見ていることの違いを明らかにして、まずはお互いの「やってほしいこと」と「やりたいこと」を場に出すところから真のMBOは始まるのです。

次のツボ017ではMBOを工夫した一例であるOKRを見てみましょう。

100のツボ

図表016

MBO と MBO もどき

働く人々の幸福の追求
強い ⟵ **人間性の尊重** ⟶ 弱い

	I. 葛藤克服型MBO	III. ノルマ管理型MBO
会社の幸福の追求 強い↑**業績向上**↓弱い	本来のMBO。業績向上と人間性尊重の統合に向けて生じる「激しい葛藤」を克服するマネジメント。	多くの日本企業が陥った失敗MBO。MBOを業績追求の仕組みと勘違いして導入。成長局面では機能するが安定成長期やゼロ成長期にはモチベーション低下を招く。
	II. 人間性偏重型MBO	IV. 形式重視型MBO
	マネジメント逃避のMBO。働く人々の幸せが最優先されひたすら部下の言うことに耳を傾ける。工夫や努力が二の次となり「知恵創造の喜び」「挑戦する面白さ」が放棄されてしまう。	最悪のMBO。形式的な導入が目的である。立派なパンフレット、説明会開催。経営トップ層が実践していないため冷めた空気に。余分な仕事が増える。目標もどきを記入する無気力集団へ。

（五十嵐英憲『新版目標管理の本質』を元に作成）

▶人間性の尊重と業績向上を同時実現するために葛藤するのが本来のMBOです　　HINT

100のツボ
017

■インテルで進化したMBO

OKRとは、インテル社アンディ・グローブ元社長が1970年代に構築した目標管理（MBO）の一手法です。当時の企業がMBOの運用上で陥っていた欠点を改善しました（図表017）。そこには「アウトプット（成果物）重視」という強い思想があります。アンディは「あなたが何を知っているかなど、どうでもいい。自分の知識を使って何ができるか、何を獲得できるか、具体的に何を達成できるかを重視する」「インテル・デリバーズ（インテルは結果を出す）」と言い切っています。

■目標と主要な結果

目標（Objectives）に必ず主要な結果（Key Results）をセットにする、それがOKRの特徴です。例えば目標（O）は「ミッドレンジのマイクロコンピュータのコンポーネント市場で支配的地位を獲得」すること。そしてその主要な結果（KR）の1つは「『8085』を使った設計を新たに10件受注」することです。アンディの説明は非常にシンプルです。

「主要な結果」は、測定可能なものでなければならない。期末にそれを見て、達成できたかできなかったか、イエスかノーか、議論の余地なく判断できなければならない。単純な話だ。そこには主観は一切挟まれない。さて、インテルはミッドレ

ンジのマイクロコンピュータ市場を支配できたのか？それは何年か後にわかる話だ。ただ次の四半期末には、新たな設計が10件受注できたか否かはわかる。（ジョン・ドーア、ラリー・ペイジ『Measure What Matters　伝説のベンチャー投資家がGoogleに教えた成功手法　OKR』より）

「企業にとって真の成果とは何か」を追求する真摯な姿勢が、アンディの残した言葉から読み取れます。「絞り込む」「目標はボトムアップで」「押しつけない」「常に柔軟な姿勢で」「失敗を恐れない」「手段であって武器ではない」「辛抱づよく決然と」……。

ドラッカーの目標管理（MBO）という哲学を進化させたのは、アンディの経営者としての実践だったのです。

次のツボ018では行動を評価する手法としてよく使用される「コンピテンシー」について確認します。

A MBOの目標(O)に、主要な結果(KR)をセットしたものがOKR

図表017
陥りがちなMBO運用とOKRによる改善

陥りがちなMBO運用	OKRによる改善
「何を」のみ、形骸化したKPI　>>>	「何を」に「どのように」をセット
年次、更新が停滞　>>>	四半期ごと、あるいは月次
非公開、タコツボ化　>>>	公開、透明性
トップダウン　>>>	ボトムアップあるいは水平展開
報酬と連動しているため リスク回避的に　>>>	報酬とはほぼ完全に分離し 挑戦的、野心的に

（ジョン・ドーア、ラリー・ペイジ『Measure What Matters 伝説のベンチャー投資家が Google に教えた成功手法　OKR』を元に作成）

▶ OKRはMBOのバリエーションの1つです、別の物ではありません　HINT

「行動」を評価する方法としてよく使用されているコンピテンシーについて確認しましょう。

■高業績者の特性をベンチマークする

コンピテンシーとは、高業績者が成果を達成する「特性」を、ベストプラクティスとして社内に公開して最大多数の社員に移植する（ベンチマークする）仕組みです。アメリカの心理学者マクレランドの1970年代の研究を起源に1980年代後半から1990年代初頭にかけて普及しました。

■日本企業におけるコンピテンシーの導入

日本では1990年代後半から、年功的になりがちな昇格と人事評価の曖昧さを回避するための人事評価ツールとして活用が始まりました。高業績者の「行動」特性を分析し、行動項目を特定し「コンピテンシー・ディクショナリー」としてまとめました。しかしその項目は膨大で、抽出やメンテナンスに労力がかかります。また苦労して作成したコンピテンシーの信頼性も経年とともに環境が変わると低下します。具体化することで説明責任を果たそうとしたのですが、必ずしもうまくいかなかったようです。

■本来的なコンピテンシー

日本にコンピテンシーを持ち込んだヘイ・コンサルティンググループ（当時）の川上真史によれ

ば、コンピテンシーは「行動」ではなく「動機」や「意識」をモデル化するものです（**図表018**）。前出のマクレランドの研究においても優秀な外交官の一番目の特性は「最後の最後まで、相手を信じ切ること」でした。行動は状況によって毎回変わります。そして「困難でも高い成果を生み出したい」という動機こそ最も着目すべき特性です。具体的な行動事実を捉え、そこから類推して「動機・意識」を見る、これが本来的なコンピテンシーの使い方だと言えます。

次のツボ019では人事評価のフィードバックについて確認します。

100 の ツ ボ
018

図表018

コンピテンシーの誤解

誤解されたコンピテンシー	本来的なコンピテンシー
行動のディクショナリー化、モデル化	モデル化できない、その時々の最適な判断と行動
行動をモデル化させることで、成果を安定させる	行動を柔軟にすることで、成果を安定させる
高業績者の行動をモデル化する	高業績者の動機や意識をモデル化する
項目やレベルを詳細に定義する	項目やレベルを幅広にし、発揮した行動を詳細に確認する

(川上真史「コンピテンシーの本質〜誤解だらけのコンピテンシーを使えるものとするために〜」を元に作成)

▶行動項目を精緻に定義したコンピテンシーは機能しません　　HINT

Q フィードバックとは何か？

100のツボ
019

■成長と成果に向けたフィードバック

働く個人が成長するには、そして仕事で成果を出すためには「今の状態を客観的に捉える」ためのフィードバックが必要です。フィードバックとは「感じたこと」を、そのまま伝えることです。それがなければ誤った道を進み続けてしまうことになります。上司から部下へ、逆に部下から上司へ、それ以外の仕事仲間たちと相互に、率直で愛あるフィードバックが行われ続けている職場が理想的だと言えます。

フィードバックする際に重要なのは「関心」、そして「尊敬」です。相手へ関心を持って日々の様子を見ていること、そして尊敬の念を持ち成長と成果を願っていること。それが信頼の土台となります。

■フィードバックをするためには「自覚」すること

あなたのフィードバックのスタイルは、自分がフィードバックされた経験からできています。「普通はこういうものだ」と思っていることの多くは、これまでの上司からの影響や、前の職場の文化の影響です。

しかしそれが一側面からの見方でしかないことを、本人が自覚していていることは稀です。まずは自分のフィードバックを「自覚」することから始まります。そのためには自分もフィードバックを受けることが最も重要です。ファシリテーターが間に入って行うアシミレーション（**図表019**）という手法も有効です。

■フィードバックのタイミング

フィードバックはいつ行うべきでしょうか？人事評価面談の時に一次評価者から「あの時、こういう行動をしていたから低い評価だ」と言われたら「なんで、そのときに言ってくれなかったのですか？」と感じることでしょう。

日々その瞬間でのフィードバックが大切です。そして面談の席では「いつも言っていることだけど」「はい、そうですよね」と互いの認識が、息ぴったりにすりあっている状態を目指したいですね。

次のツボ020ではこれからの人事評価について考えます。

図表019

アシミレーション

① 上司はアシミレーション実施を
伝え席を外す。

② ファシリテーターはその場にい
る部下から、その上司に関する
意見を引き出して、ホワイトボー
ドに書き出す。

③ 部下は退出し、ファシリテー
ターだけが残る。それと入れ
替わる形で上司が入室する。

④ 上司はファシリテーターから、
ホワイトボードに書かれた内容
について、説明してもらう。

⑤ 最後に全員が集まり、上司が部
下全員の前で、出てきた意見
を踏まえて、今後の行動をいか
に変えていくか、コメントする。

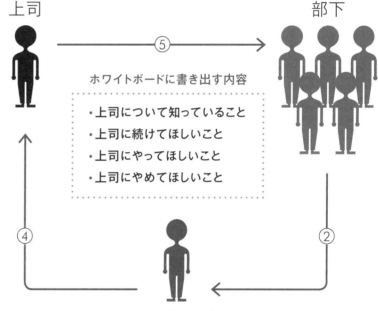

上司　　　　　　　　　　　　　　　　　　部下

ホワイトボードに書き出す内容

・上司について知っていること
・上司に続けてほしいこと
・上司にやってほしいこと
・上司にやめてほしいこと

ファシリテーター

上司と同格以上のマネジャー
厳しい内容を聞いたときの精神的
ショックをフォローできる立場の人
（中原淳『フィードバック入門 耳の痛いことを伝えて部下と職場を立て直す技術』を元に作成）

▶フィードバックとは厳しい指摘や、適切なアドバイスのことではありません　HINT

Q 人事評価における最大のポイントは？

■人を「正確に測る」ことはできない

人事評価のツールに決定打はありません。これで測れば間違いない、というモノサシはないのです。能力や価値貢献の認識は人の「主観」から逃れることはできません。

近年では「ノーレーティング」という言葉が流行しています。これはABCDといった評価の格付け（モノサシ）を手放そうという動きです。その分、一次評価者には日々のフィードバックが求められ、人事評価結果という根拠なしに処遇（賃金や昇格・降格や異動など）を決定する重責が背負わされているということでもあります。

■本人の主体的な参画

一次評価者は主観という評価眼をピカピカに磨き続けるべきです（ツボ014参照）。しかし一次評価者が差し出した片手だけでは握手はできません。本人（被評価者）も自分の成長と成果に責任を持ち、人事評価に主体的に参画すべきです。責任はそれぞれに均等にあります（図表020）。

■人事部門の役割

人事部門はなにをすれば良いのでしょうか？透明性の担保、丁寧なフィードバックを行う仕掛け、評価者の育成に、都度のフォロー。人事評価制度にできること、人事部門にできることは沢山あります。可能な限り使いやすい道具を一次評価者や本人に渡すことが人事部門の役割です。

■信頼関係は「見てくれている」ことから

人事評価の公平感は本人と一次評価者や人事部門との信頼関係に左右されます（ツボ013と014参照）。私の経験上、自分の働きぶりを「ちゃんと見てくれている」人がいることは働く個人にとって本当に力になります。そしてそれはどんな偉い人、優秀な人であっても同じのようです。

A 本人と評価者の信頼関係を構築すること

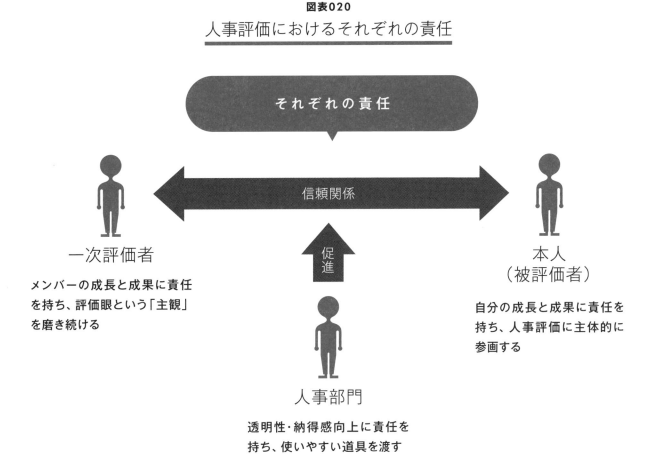

図表020
人事評価におけるそれぞれの責任

それぞれの責任

信頼関係

促進

一次評価者

メンバーの成長と成果に責任
を持ち、評価眼という「主観」
を磨き続ける

**本人
（被評価者）**

自分の成長と成果に責任を
持ち、人事評価に主体的に
参画する

人事部門

透明性・納得感向上に責任を
持ち、使いやすい道具を渡す

▶ 手法に頼りすぎず、それぞれの責任のもと信頼関係を積み上げていきましょう　HINT

Chapter 2.

4 社の実例

この「4社の実例」では、実際の企業がどのように人材マネジメントを実践しているのかを紹介します。4タイプの企業の「人事評価」の特徴を取り上げました。

実例1. サイボウズ社
「人事評価とお金を切り離す」
....

ベンチャー中小・流動排出タイプのサイボウズ社では、人事評価はお金と切り離すことで機能すると考えています。賃金は市場価値をもとに人事で決定します。そして成長のための人事評価は「信頼」をベースに行い現場マネジャーがフィードバックします。5つの行動（考える・知る・伝える・続ける・する）と公明正大を合わせた「Action5＋1」で評価し、「業績」は評価しません。

実例2. アカツキ社
「やんちゃな目標」
....

ベンチャー中小・長期育成タイプのアカツキ社では、合理的にKPIを追うことは成果につながらないと考えています。人事評価の仕組みは、自由度の高い目標管理と、カラフルステージ（等級）に照らした総合評価からできています。

自ら目指す「やんちゃな目標」が推奨され、なぜやるのか（Why）と、その旅（プロセス）が輝

くことが重視されます。成果の達成指標には「SS（期待を大きく上回る）」を超える伝説の「L（レジェンド）」が存在します。

総合評価は業績と日々の行動、個人特性（オリジナリティ）から貢献価値を定性的・総合的に判断します。

実例3. リクルート社
「Will Can Must」
....

グローバル大手・流動排出タイプのリクルート社では、一人ひとりの主体的な想いを目標に結びつける「Will Can Must」によって人事評価を行っています。本人が実現したいこと（Will）、活かしたい強みや克服したい課題（Can）、能力開発につながるミッション（Must）からなる「WCM（目標管理）シート」を半年に一度記入して、上長とすり合わせることで目標となります。この目標の達成度によって賞与額が決定します。

実例4. トヨタ社
「徹底した人基準」
....

グローバル大手・長期育成タイプのトヨタ社では、中長期で人を育てる日本的な職能考課をグローバル統一基準として世界に展開しています。「職能考課」で1年間の「発揮能力」を評価して

月給や昇格へ反映します。そして「業績加点考課」で半年の「個人テーマ達成度」や「際立った成果」を評価し賞与へ反映しています。

マネジャー職の職能考課の要素には「課題創造力」「課題遂行力」「組織マネジメント力」「人材活用力」そして「人望」があります。スタッフ職はさらに「専門知識・能力」が評価されます。

流動排出タイプの2社は、評価することと評価しないことがシャープに明言されており人事評価の対象が明確です。長期育成タイプの2社は、総合的に人材を捉える人事評価を行っています。

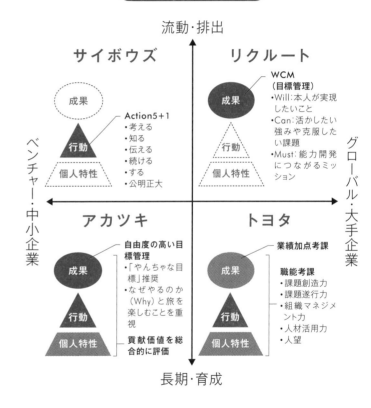

人事評価の特徴

流動・排出

サイボウズ

成果

Action5+1
・考える
・知る
・伝える
・続ける
・する
・公明正大

行動

個人特性

リクルート

成果

WCM
（目標管理）
・Will:本人が実現したいこと
・Can:活かしたい強みや克服したい課題
・Must:能力開発につながるミッション

行動

個人特性

ベンチャー・中小企業

グローバル・大手企業

アカツキ

成果

自由度の高い目標管理
・「やんちゃな目標」推奨
・なぜやるのか（Why）と旅を楽しむことを重視

行動

個人特性

貢献価値を総合的に評価

トヨタ

成果

業績加点考課

行動

個人特性

職能考課
・課題創造力
・課題遂行力
・組織マネジメント力
・人材活用力
・人望

長期・育成

凡例　重視して評価する　評価する　評価しない

まとめ

　Chapter2.のまとめとしてツボ011〜020のQ&Aを一覧としています（右表）。

　また、人事担当者、管理職（マネジャー）、経営者、人材・人事業界の方それぞれに向けてこの「人事評価」でお伝えしたいメッセージを記載しています。

人事担当者の方へ

　人事評価において人事担当者の役割は、透明性の担保、丁寧なフィードバックを行う仕掛けなど、可能な限り使いやすい道具を一次評価者に渡すことです。評価者育成とフォローを随時行いながら、実態にあわせて仕組を改善し続けていきましょう。

管理職（マネジャー）の方へ

　多くのマネジャーは一次評価者となり、メンバーの給与、処遇、さらには中長期の成長やキャリアに責任を持ちます。時にはメンバーの成長のために嫌われる覚悟の上で厳しい評価を伝えることも、時には正しい評価を守るために自分の上司や人事部門と戦うことも、その役割です。原理原則を理解した上で、「正しく見る」ための評価眼という「主観」をピカピカに磨き続けましょう。

経営者の方へ

　経営者にとって人事評価は「文化醸成」のための重要な機能です。自身の価値判断を管理職（マネジャー）に伝えていきましょう。また全社の評価におけるバランスを取ることも経営者の役割です。全社のビジョン・ミッションを実現するための目標を、どの部門・機能に任せるのか、そしてどこまで達成することができれば評価に値するのかを決めることは経営者にしかできません。また事業部長や部長といった上級管理職の評価と適切なフィードバックも、経営者の役割です。

人材・人事業界の方へ

　人材業界、特に採用領域を専門としている方にとっては、人事評価はわかりにくい分野でしょう。しかし人事評価にはその企業の文化が反映されています。紹介し入社した人材がどのように活躍し、処遇されるかを知るために理解を深めておきましょう。

　次のChapter3.では人事評価の結果によって支払われる、賃金・退職金（外的報酬）について学びます。

100の ツボ	Q	A
011	なぜ不満に思われても人事評価を行わなくてはならないのか？	処遇による格差の根拠を明確にするため
012	人事評価によって目指すべきものとは？	公平感ある処遇の分配、社員の活用と育成、企業文化の醸成
013	人事評価に公平感をもたらすために重要なことは？	他者と比較して分け前が適切だと思えること、 評価の内容が公開されていて評価プロセスに参画できること
014	人事評価における一次評価者の役割は何か？	メンバーの成果と行動をよく見て、その価値を判断すること
015	何をどうやって評価するのか？	仕事の結果、行動、個人的特性を評価する。 手法は目標管理（MBO）、コンピテンシー、適性テストなど
016	目標管理（MBO）とは何か？	目標を手がかりにして自らの仕事ぶりをマネジメントすること
017	MBOとOKRの違いは何か？	MBOの目標（O）に、主要な結果（KR）をセットしたものがOKR
018	コンピテンシーとは何か？	高業績者の特性をベストプラクティスとして最大多数の社員に移植する（ベンチマークする）仕組み
019	フィードバックとは何か？	相手への関心と尊敬を土台にして、成長と成果を願って「感じたこと」を率直に伝えること
020	人事評価における最大のポイントは？	本人と評価者の信頼関係を構築すること

　自分の仕事を、キャリアを、そして人生を、誰かが「見てくれている」ことは大きな力となるように思います。

　先日、仕事の帰り道に携帯電話に着信が入り、そこには懐かしい名前が表示されていました。前職で私が人事だった時に新入社員だったメンバーです。もう何年ぶりだろう、と驚きながら出てみると「やっと、マネジャーになりましたよ!」という報告でした。新人研修でマネジャーになることを宣言していた彼は、その時の約束が果たせたことを連絡してきてくれたのです。「真っ先に、坪谷さんに知らせたくて」という弾んだ声。人事という「人を見る」仕事のやりがいをしみじみ感じた瞬間でした。人事にできることは、実は「見守る」だけなのではないか、とすら思うこともあります。

　以前、日本企業数社で広く調査を行った時、部長クラス以上の多くが「誰も自分の仕事を見てくれない」「誰にも自分の仕事を相談できない」という孤独を抱えていることがわかりました。役職が高い人であっても、誰かに見ていて欲しい気持ちは変わらないようです。

　日本では古くから「観音様」が信仰されています。観音様は「観自在菩薩」とも呼ばれ、「自在」に「観（見）る」ことで人々を救うのだそうです。「見ていて欲しい」という人々の思いが信仰を生んだのかもしれません。これから、働く時間や場所の多様化が進むにつれて誰にも「見てもらえない」状況が増えそうです。「観音様」のような「見る」力が、ますます必要になっていくのではないでしょうか。

Chapter 3.

賃金・退職金

外的報酬

100 の ツ ボ
021

■ 外的報酬は納得を目指すもの

働くことで外（企業）から与えられるもののことを「外的報酬」と呼びます。昇進する、社会的な地位につく、大きい椅子に座れる、秘書がつく、福利厚生、なども含まれます。外的報酬が足りないとき人は不満を持ちますが、過剰に与えられたとしてもモチベーションは上がりません。そして企業が分配できる原資には限りがあります。つまり外的報酬は「満足ではなく納得」を目指すべきものと言えるでしょう。

そして「賃金」は最も重要な外的報酬です。

■ 賃金と給与の定義

「賃金」とは、主に金銭・通貨で支払われる労働の対価です。労働基準法11条では以下のように定義されています。

> この法律で賃金とは、賃金、給料、手当、賞与その他名称の如何を問わず、労働の対償として使用者が労働者に支払うすべてのものをいう。

また似たような言葉に「給与」（所得税法28条）があり、定義されている法律と、非課税の通勤手当などが含まれるかなどの細部が異なりますが、どちらも「労働の対価」であることは同じです。当書では賃金で統一します。

■ 賃金の構成要素

賃金は基本給、手当、賞与（ボーナス）からできています。基本給は給料・俸給とも呼ばれます（図表021）。

次のツボ022で基本給、ツボ023で手当、ツボ024で賞与について、それぞれ確認していきましょう。

図表021

賃金の構造

賃金

| 基本給 | 手当 | 賞与 |

▶ 賃金は足りなければ不満につながりますが、多くても満足にはつながりません

HINT

Q 基本給とは何か？

　基本給とは「賃金」のベースです。日本企業では、年功給、職務給、職能給とその対価を複合的に組み合わせて運用しています。

◢ 年功給

　年功給は、学歴が加味された年齢給と勤続給からなります。従業員に対して生活面での安定感を与え長期勤続による経験を促進するメリットがあり、マネジメントコストが全くかからないリーズナブルな仕組みでもあります。一方で仕事の内容や技能の向上と無関係に賃金が上昇していくため、安定が効きすぎて仕事に向かう意欲が高まらない恐れがあります。高度経済成長以降、技術革新などにより経験イコール熟練といった関係が崩れていく中でその問題点が指摘され、1960年代前半にかけてアメリカの職務給の導入が積極的に試みられました。

◢ 職務給

　職務給とは、現在遂行している仕事に対して支払われる賃金です。基準の明確さと「同一価値労働同一賃金」の原則に基づいた公平性と合理性がメリットです。高齢化・高勤続化・高学歴化といった属人的条件の変化の影響を受けることがなく、インフレの心配がありません。一方で上位等級の職務に就かない限り賃金が上昇しないため能力開発の意欲を損なう恐れがあります。そして職務を細分化して定義する設計と更新に非常に手間がかかります。

◢ 職能給

　1975年以降、職能資格等級（ツボ045参照）に紐づく職能給が、各企業において相次いで導入されました。今でも多くの日本企業の基本給は職能給です。能力向上の意欲を喚起できる、ポストがなくても賃金を上げることができるというメリットがありますが、能力は把握が難しいため基準が曖昧になること、年功的な運用になりがちであること、という問題も抱えています。

　次のツボ023では、基本給を補完する「手当」について確認します。

図表022

基本給の種類

年功給	職務給	職能給
学歴、年齢、勤続年数 に支払う	現在遂行している仕事 に支払う	職務遂行能力 に支払う
○ 生活面で安定感がある ○ 長期勤続による経験を促進できる ○ マネジメントコストがかからない	○ 基準が明確である ○ 公平性と合理性 ○ インフレの心配がない	○ 能力向上の意欲を喚起できる ○ ポストがなくても賃金を上げることができる
△ 安定が効きすぎて仕事への意欲が高まらない恐れがある	△ 上位等級の職務に就かない限り賃金が上昇しないため能力開発の意欲を損なう恐れがある △ 職務を細分化して定義する設計と更新に非常に手間がかかる	△ 基準が曖昧である △ 年功的な運用になりがちである

(人事測定研究所編『トータル人事システムハンドブック（2000、HRR）』を元に作成)

▶基本給は、年功給と職務給と職能給が複合的に組み合わされて作られています　HINT

Q 手当とは何か？

手当とは、賃金のうち「基本給を補完する」こと、そして「生活へ配慮し支える」ことを目的に支払われる諸費用です（図表023）。

100 の ツ ボ
023

■1．基本給を補完する

労働の対価として支払う賃金のベースは基本給です（ツボ022参照）。基本給では足りない部分を補完し、より弾力的な運用とするために手当を使用します。手当と基本給の比率は、13.6対86.4（一人平均の金額比率　厚生労働省『平成27年就労条件総合調査　賃金制度』より）と決して少なくない金額です。

「役付手当（管理職手当）」を多くの企業が導入しています。基本給が「能力」に対して支払われるため「役職・役割」の対価は手当で補完していると見ることができます。「業績」は賞与で処遇することが多いため、手当での導入は少ないようです。「精皆勤手当」などの態度に支払う手当は大きく減少しています（1974年64.7%→2016年28.8%）。

■2．生活へ配慮し支える

働く人の暮らしを支えるという側面を手当は持っています。日本では当たり前に感じるのですが、職務主義の欧米では「家族手当」や「通勤手当」はほとんど存在しません。それは「仕事」に対する対価ではないためです。日本企業でも「同一労働同一賃金」の流れから、生活へ配慮した手当は家族手当（1974年73.3%→2016年62.8%）のように、だんだんと減少する傾向にあります。

■企業が「何を大切にしているか」というメッセージ

労働時間に関する手当は労働基準法で定められていますが、それ以外の手当については企業が自由に設計できます。企業が「何を大切にしているか」が如実に表れる「メッセージ」であるとも言えるでしょう。どこに心を込めて「手を当てる」か、その姿勢が表れるのが手当なのです。

次のツボ024では「賞与」について確認します。

A 賃金のうち、基本給を補完すること、生活へ配慮し支えることを目的として支払われる諸費用

図表023

手当の種類と導入率

労働基準法上定める必要性	種類		手当	導入率	労働者1人平均支給額（月）
ある	基本給の補完	労働時間	・残業手当　・深夜残業手当 ・休日出勤手当	—	—
ない	基本給の補完	職務内容	・役付手当（管理職手当）　・資格手当 ・危険手当　・交替（勤務）手当 ・特殊勤務手当　・特殊作業手当	85.5%	役付 38,769円 資格 20,299円
		業績	・業績手当（個人・部門・グループ・会社）	14.9%	57,125円
		態度	・精皆勤手当	28.8%	10,506円
	生活への配慮	家庭	・家族手当（扶養手当・配偶者手当・育児支援手当）	62.8%	17,282円
			・住宅手当	42.6%	17,000円
			・単身赴任手当　・別居手当	15.1%	46,065円
		勤務地	・通勤手当	85.6%	11,462円
			・地域手当（都市手当・勤務地手当）	11.9%	22,776円

（笹島芳雄『なぜ賃金には様々な手当がつくのか』を元に作成、導入率と平均支給額は厚生労働省『平成27年就労条件総合調査　賃金制度』より）

▶手当とは心を込めて「手を当てる」こと、企業の姿勢が表れます　HINT

Q 賞与とは何か？

■ 賞与の定義

「賞与」は、労働基準法の通達に以下のとおり定義されています。

> 賞与とは、定期又は臨時に、原則として労働者の勤務成績に応じて支給されるものであって、その支給額が予め確定されていないものをいうこと。
> （昭和22年9月13日発基17号）

その支給の有無や算定方法について法律での定めはなく、企業が自由に設定することができます。

■ 賞与の実態

実態としては9割以上の日本企業に賞与制度があり、その算定方法は「考課査定により算定（個人別業績）」「定率算定（基本給全体が対象）」が過半数を超えています **（図表024）**。基本給に個人の業績評価によって決定した割合をかけて支給額を決定する方法が多いようです。厚生労働省『毎月勤労統計調査』によれば平成30年年末賞与は平均1.05ヶ月、平成30年夏季賞与は平均0.99ヶ月分が支給されています。

■ 企業の人件費コントロールの調整弁

賞与は支給額を企業が自由に設計できるため、人件費をコントロールする調整弁として使用されています。業績好調な時には賞与を多く、業績不振な時には賞与を少なくすることができます。短期の成果を「宝の山分け」として分配しているのですね。また賞与は割増賃金や退職金の算定基礎に含まれないため、人件費全体へ与える影響が少ないこともメリットとなります。

■ 出費がかさむ時期に生活を支援する

欧米企業において賞与は利益を配分する仕組みとして捉えられていますが、日本企業では出費がかさむお盆と年末に「生活を支援する」という側面があります。歴史的には江戸時代の商人が奉公人に配った「仕着（夏は氷代、冬は餅代）」が賞与の由来だと言われています。

次のツボ025では賃金がどうやって上がるか、下がるかを確認します。

支給額が予め確定していない、企業が自由に設定する賃金

図表024

賞与の算定方法

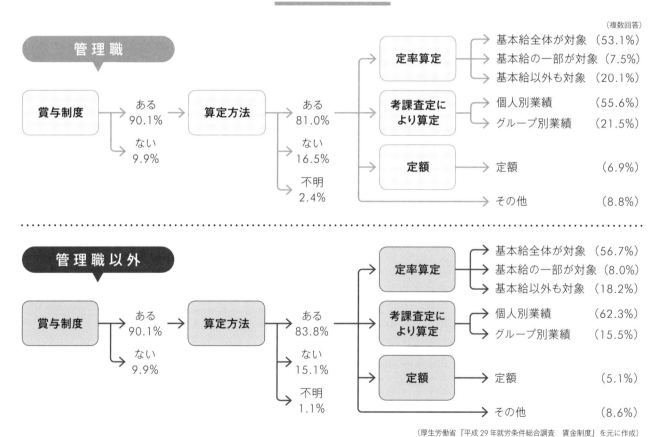

（複数回答）

管理職

賞与制度	ある 90.1%	算定方法	ある 81.0%	定率算定	基本給全体が対象（53.1%） 基本給の一部が対象（7.5%） 基本給以外も対象（20.1%）
	ない 9.9%		ない 16.5%	考課査定により算定	個人別業績（55.6%） グループ別業績（21.5%）
			不明 2.4%	定額	定額（6.9%）
					その他（8.8%）

管理職以外

賞与制度	ある 90.1%	算定方法	ある 83.8%	定率算定	基本給全体が対象（56.7%） 基本給の一部が対象（8.0%） 基本給以外も対象（18.2%）
	ない 9.9%		ない 15.1%	考課査定により算定	個人別業績（62.3%） グループ別業績（15.5%）
			不明 1.1%	定額	定額（5.1%）
					その他（8.6%）

（厚生労働省『平成29年就労条件総合調査　賃金制度』を元に作成）

▶ 多くの日本企業では夏と冬ごとに基本給約1ヶ月分の賞与が支払われています　*HINT*

100 の ツ ボ
025

■賃金の上がり方

　賃金はどうやって上がるのでしょうか。**図表025**は賃金が上がる場合を網羅的に図式化したものです（下がる場合はこの逆です）。「個人の変化」が「人事評価」「等級/役職・役割」という企業の仕組みを介して賃金に反映されます。有機的で一度に捉えることが難しい複雑さ、これこそが日本企業の賃金制度の特徴だということがわかります。欧米企業は「現在行っている職務」が変われば賃金が変更されるシンプルな構造ですので非常に対照的です（ツボ029参照）。

■基本給は「総合的な評価」「能力評価」によって上がる

　基本給は賃金に占める割合が最も多く、賞与や残業代算出の基礎でもあるため、賃金総額に大きな影響を与えます。基本給は「総合的な評価（能力評価）（業績評価）（態度評価）」などによって上がります（昇給）。そして基本給はどの「等級」「役職・役割」にいるのか、その位置付けによって支給される水準が大きく変わります。「役職・役割」の昇格・昇進もまた「総合的な評価」などによって決定されます。

　定期昇給やベースアップなど、人事評価によらない「基本給が必ず上がる仕組み」は現代ではその割合が非常に小さくなっており、人事評価の結果が賃金の大きな根拠であると言えるでしょう。

■「勤続年数が増える」ことは賃金に様々な影響を与える

　「勤続年数が増える」ことは、基本給を上げ、退職金を上げ、そして能力上昇の背景となり間接的に能力評価や総合的な評価を上げていきます。「ポスト可変契約」を基本とする日本企業（ツボ009参照）では「長く勤めること」が推奨され、賃金上も有利に働いているのです。

　企業内で賃金を上げるためには「長く勤めること」。これも1つの答えだと言えそうです。

　次のツボ026では企業の賃金設定について確認します。

A 「個人の変化」が「人事評価」「等級/役職・役割」という仕組みを介して、賃金は上がる

図表025

賃金の上がり方

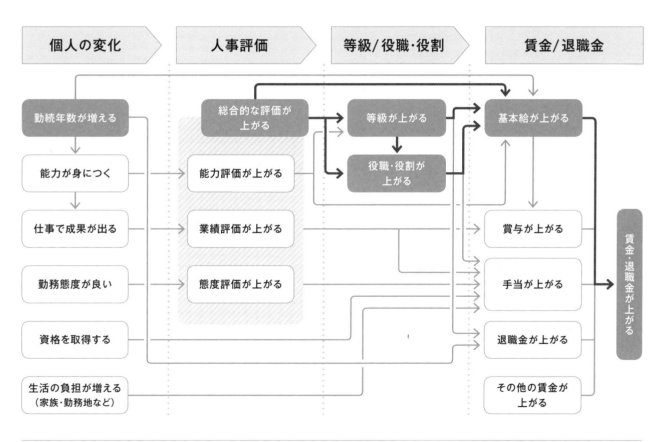

▶勤続年数が増えること、総合的な評価が上がることが賃金を上げていきます　HINT

Q 賃金はどのように設定すればよいのか？

◢1．採用市場で競争力のある水準か

　企業は新しく人材を採用するためにも、また既存の必要な人材が離職してしまわないためにも、競争力のある賃金水準が必要です。大枠の設計では厚生労働省『賃金構造基本統計調査』、採用エージェント各社の職種別年収ランキング、人事コンサルティング各社の賃金データベースなどを参考にします。実際には採用したい（引き止めたい）人材の現職・前職の年収や競合企業の提示年収などと比較されても見劣りしない水準であることが求められます。

◢2．総額人件費が経営を圧迫しないか

　人件費の総額が企業の経営を圧迫しないよう適正な水準にコントロールする必要があります。管理指標を定め一定に保ちます。代表的な管理指標は『労働分配率』、付加価値（売上－（原価＋原料費））に占める人件費の割合です。経済産業省『企業活動基本調査』には各産業の労働分配率の調査結果が定期的に示されており参考になります。

◢3．支払う対象が明確か

　企業は何に対して賃金を支払うのでしょうか。能力か、態度か、成果か、年齢か、勤続年数か……。その対象にどのくらいの対価を支払うのか、「何がある人を高く遇するのか」それが企業の既存の社員そしてこれから求める人材に対するメッセージとなります。その基準が「等級」です（Chapter 5）。

　次のツボ027では賃金の納得感について考えます。

A 「市場の競争力」「総額人件費」「支払う対象」の 3観点から設定する

図表026
賃金設定の観点

賃金設定の観点

1 採用市場で 競争力のある水準か

採用したい（引き止めたい）人材の現職・前職の年収や競合企業の提示年収などと比較されても見劣りしない水準か

2 総額人件費が 経営を圧迫しないか

人件費の総額が企業の経営を圧迫しない適正な水準になっているか

3 支払う対象が 明確か

「何に対して賃金を支払うのか」「何があれば高く遇するのか」という基準が社員、そして求める人材に対するメッセージとなる

（人事測定研究所編『トータル人事システムハンドブック（2000、HRR）』を元に作成）

▶ 支払う対象を明確にするための大切な基準が「等級」です　HINT

■ 納得できる賃金を目指す

外的報酬とは、足りないと不満になりますが、多くてもやりがいや満足にはつながらないものです。満足ではなく納得を目指す、それが正しい姿勢です。では不満にならない納得できる賃金とはどんなものでしょうか？

■ 本当の不満の原因

実際に働く人が賃金に不満を抱くのは、企業側の論理とはまったく別の次元にあります。それは例えば同窓会で高校のクラスメイトと会い、貰っている賃金の差に驚いた時です。例えば他の会社の同業者と飲んでいて、貰った賞与の差にガッカリした時です。これが自分は相対的に妥当だと思える水準の賃金をもらえていない、という不満につながります。

■ 納得のために丁寧な説明をすることはできる

この不満自体は根本的には解消されません。企業には出せる人件費に限度があるからです。しかし、説明を聞いて、納得することはできます。賃金体系とは、納得のための説明体系であるとも言えます。

■ 納得感を作る4要素

賃金に納得してもらうためには、**図表027**のとおり「正しく設計された等級（Chapter 5）」と「公平感ある評価結果（ツボ013参照）」を根拠に、「透明性高く」公開されており「丁寧な説明」がなされることが必要です。

給与明細を見ながら、賃金を説明するならば、それは等級と評価結果を根拠とした説明となるでしょう。「職能等級が3級で能力評価がAだから、テーブルに照らすと30万円になります」と。完全な満足は得られないかも知れませんが、納得することはできるでしょう。その上で根本的に不満の解消を図るならば、評価をあげるか、等級をあげるか、企業を変わるか、という選択肢が待っています。

次のツボ028では退職金について確認します。

100 の ツボ
027

図表027

賃金の納得感

1 正しく設計された
等級

4級	非定型業務を担当できる
3級	定型業務を改善できる
2級	定型業務を遂行できる
1級	指示の下で作業できる

×

2 公平感ある
評価結果

S	期待以上
A	期待水準
B	期待未満

×

3 透明性の高さ
（公開されている）

	S	A	B
4級	35万円	34万円	33万円
3級	31万円	30万円	29万円
2級	27万円	26万円	25万円
1級	23万円	22万円	21万円

納得！

4 丁寧な説明

▶賃金体系とは「納得」に向けた説明体系とも言えます　HINT

■「長期勤続」を奨励する

　退職金は「長く会社に勤めて欲しい」という長期勤続を奨励する目的で、労働者に対して退職した後支払うことを約束した賃金のことです。法律における定めはなく、企業が自由に設計することができます。

■日本企業の退職金はかなり手厚い

　厚生労働省『平成30年就労条件総合調査』によれば80.5%の企業が退職金制度を導入しています。企業規模別に見ると1,000人以上92.3%、300〜999人91.8%、100〜299人84.9%、30〜99人77.6%と大きい企業ほど導入率が高いのですが、中小企業でも多くの企業が導入していることがわかります。他の国を見てみると、法律で定められた国、習慣的に払われる国、習慣がない国があり、金額や条件も様々であるため一概に比較することは難しいのですが、企業の導入率や金額の面でも、日本企業はかなり手厚いと言えそうです。

■定年を迎えた大学・大学院卒の退職金は　平均2千万円弱

　実際の支給実態を確認すると、退職金制度がある企業のうち平成29年1年間における勤続20年以上かつ45歳以上の退職者がいた企業は26.6%でした。その中で定年の大卒・大学院卒者の平均

100 の ツ ボ
028

支給額は1,983万円、退職時の月給の38.6ヶ月分となっています（図表028）。

■退職理由および勤続年数によって　支給額が変動する

　退職金の額は、退職理由「自己都合」が最も低く「定年」「会社都合」「早期優遇」の順に増額していきます。会社の意向に適っているほど厚遇されるという結果ですが、自己都合であっても一定以上の保障がされているとも読み取れます。そして「長期勤続」を奨励する目的からすると当然ですが、勤続年数が長いほど増額する傾向にあります。

　次のツボ029では日本の賃金・退職金の特徴を捉えます。

企業が「長期勤続」を奨励するために退職時に支払うことを約束した賃金

図表028
退職金の支給額

退職理由			
自己都合 （22.8%）	定年 （64.3%）	会社都合 （5.4%）	早期優遇 （7.5%）
1,519万円	1,983万円	2,156万円	2,326万円

勤続年数

35年以上	2,173万円
30〜34年	1,794万円
25〜29年	1,395万円
20〜24年	1,267万円

（大学・大学院卒者の平均額）（厚生労働省『平成30年就労条件総合調査　賃金制度』を元に作成）

▶ 正社員（大学・大学院卒）の退職金は平均2千万円弱です　HINT

100のツボ
029

■複雑で有機的な日本の賃金

日本の賃金決定の仕組みは複雑で有機的です（ツボ025参照）。欧米ではポスト（今やっている仕事・職務）によって賃金が決まるとてもシンプルな仕組みであり、非常に対照的だと感じます。なぜ欧米のようにすっきりとポストで賃金を決めないのか？　それは「ポスト可変契約」に理由があります。ポストを制限しないことによる人員配置や育成上のメリットを日本の人材マネジメントは優先させてきました（ツボ009参照）。

■明確には語りにくい「基本給」の根拠

納得感を持ってもらうためには「何に対して賃金を支払うのか」その対象が明確であることが重要（ツボ026参照）ですが、賃金のベースである基本給は年功給・職能給・職務給が複合的に運用されており、その対象がはっきりしません（ツボ022参照）。

■「賞与」「手当」「退職金」の割合も多い

さらに日本企業では基本給以外の賞与、手当、退職金の割合も多く、それぞれに異なる根拠が用意されています。特に手当はありとあらゆるものが対象となっていて、いったい何に対して賃金を払っているのかをあえてぼやかそうとしているようにさえ感じられます（ツボ023参照）。

■「手取りの金額以外は興味がない」という現状

この状況で給与明細を見て、自分の賃金は何に対して払われている、と明確に言える人がどれだけいるのでしょうか？　そもそも興味がない人も多いことでしょう。「手取りの金額以外は興味がない」「その額がきちんと振り込まれていれば良い」それが現代の日本企業で働く人の現状ではないでしょうか。

この曖昧な霧の中には「会社への長期の貢献」という期待が隠れています。あらゆる面で支えるから細かいことは気にせず安心して活躍してほしいという願いです（図表029）。

次のツボ030では、これからの賃金について考えます。

A 複雑で有機的。「会社への長期の貢献」という期待が前提にある

図表029

何に賃金を支払うか?

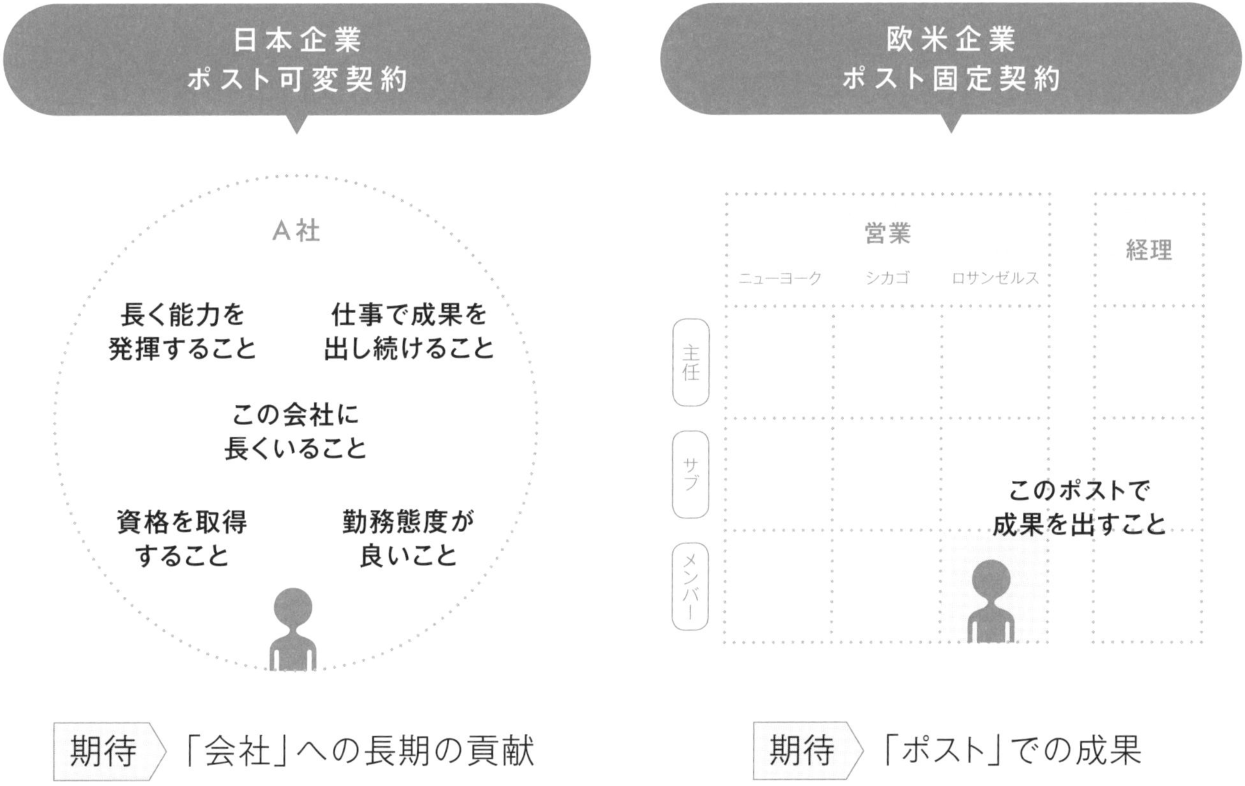

**日本企業
ポスト可変契約**

**欧米企業
ポスト固定契約**

A社

長く能力を
発揮すること　　仕事で成果を
　　　　　　　　出し続けること

この会社に
長くいること

資格を取得
すること　　　勤務態度が
　　　　　　　良いこと

	営業			経理
	ニューヨーク	シカゴ	ロサンゼルス	
主任				
サブ				
メンバー				

このポストで
成果を出すこと

期待 〉「会社」への長期の貢献

期待 〉「ポスト」での成果

▶長期雇用を前提として、複雑で有機的な賃金体系が運用されてきました　HINT

■ 求められる「公明正大」な賃金

　公明正大とは、公（おおやけ）に明らかにすること、言動が正しく堂々としている様のことです。多様な働き方が求められる中で、賃金は「何に対して支払うか」を公明正大に示す必要があります。

■ 多様な働き方という「黒船」

　これからは契約社員、アルバイト、パートナーの方々を「同一労働同一賃金」として正社員と同じように遇する必要があります。またリモートワークや複業など、新しい働き方が加速しています。「会社への長期の貢献」を無条件に期待する、画一的な人材マネジメントに限界が来ているのです。その中で曖昧な説明は通用しなくなります。「何を期待」して「何に対価を支払う」か、一つひとつが問われ、これまでの有機的で複雑な賃金では対応できなくなるはずです。

■ ミッションに向けて「一貫性」がある設計

　企業における賃金制度は一貫性を持って設計すべきです。環境に適応し自社のミッションを実現するには、どのような人材が必要か、そこに向けた等級、人事評価、賃金という人材マネジメント要素を一貫してデザインするのです。これこそが公明正大へ続く道ではないでしょうか。その中で、近年多く見られるのはこの2つの潮流です。

1. 職務給へのシフト：欧米型の職務給へのシフト。グローバル展開している大手企業の多くは、すでにこの道を選んでいます。海外に前例も多く職務給のデータベースも存在し移行は容易です。一方これまで日本企業が持っていた自由な人材配置や柔軟な育成といったメリットを失うことになります。

2. 市場価値へのシフト：賃金テーブルを自社で持たず、市場価値のみを根拠として賃金を決める道です。いくつかのベンチャー、中小企業が独自の文化と共にこの道を開拓し始めています。自社の基準を手放すためコントロールが利かないというデメリットがあります。

　一貫性のある人材マネジメントに向けて、各社それぞれの方向へ舵を切り始めています。

100 の ツ ボ
030

公明正大。曖昧な説明は通用しなくなり、
賃金を支払う対象とその根拠が、明確に求められる

図表030
これからの賃金

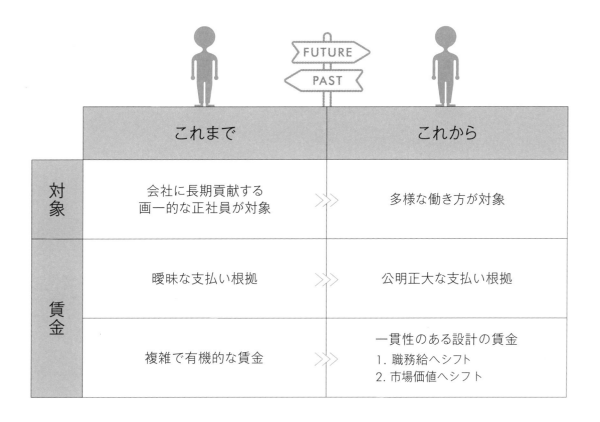

	これまで		これから
対象	会社に長期貢献する 画一的な正社員が対象	≫	多様な働き方が対象
賃金	曖昧な支払い根拠	≫	公明正大な支払い根拠
	複雑で有機的な賃金	≫	一貫性のある設計の賃金 1. 職務給へシフト 2. 市場価値へシフト

▶等級と人事評価と賃金、各企業の人材マネジメントの一貫性が問われています　　HINT

4 社 の 実 例

4タイプの企業の「賃金・退職金（外的報酬）」の特徴を取り上げました。

実例1. サイボウズ社
「市場価値」と「交渉」

ベンチャー中小・流動排出タイプのサイボウズ社では、市場価値で給与を決定します。採用市場（社外的価値）で400万〜600万円の年収の人には、そのレンジ内での賃金額を人事評価（社内的価値）によって確定します。「がんばっている」なら採用市場の真ん中500万円程度、「この人に抜けて欲しくない」なら上限の600万円程度、下限の400万円は「転職した方がお金をもらえるかもしれない」というメッセージとなります。その賃金額決定のフィードバックは市場価値を知っている人事が行い、育成のためのフィードバックを行う現場マネジャーとは切り離しています。最終的には、全員が給与交渉できるようになって欲しい、それがサイボウズ社の賃金制度です。

実例2. アカツキ社
「生活」と「挑戦」

ベンチャー中小・長期育成タイプのアカツキ社では、年収の4/5は急激に下がることはなく生活のベースを担保する「ベース報酬」です。カラフ

ルステージ（貢献価値を基準とした等級）によって賃金レンジが定義され、総合評価で昇給が積み重なっていく職能に近い形です。年収の1/5は挑戦に報いるため会社業績と個人業績を反映した「プレミア報酬」です。期初に目標に入っていなかった内容も「ナイス・チャレンジ」として評価されます。「生活」と「挑戦」の両立がアカツキ社の賃金制度です。

実例3. リクルート社
「ミッション」と「卒業」

グローバル大手・流動排出タイプのリクルート社では、任されるミッションの高さによってグレード（等級）及び月給が決定します。そして、個人及び組織の半期ごとの目標達成度（成果）によって賞与が決定します。

退職することを「卒業」と呼び推奨しているリクルート社では、卒業後のステップアップを支援するために退職金が入社半年でも支給されます。その額は6.5年以上（中途は5年）在籍すれば年収1年分程度。35歳以上には、3年ごとに退職金750万〜1500万円が加算されるニューフロンティア制度もあり、早期からキャリアを「自立」して考えるための仕組みが導入されています。

実例4.トヨタ社
「職能資格」と「定年後」

　グローバル大手・長期育成タイプのトヨタ社では、人事制度改定のたびに年功の色合いを薄めているものの、基本的には格差の少ない積み上げ型の「職能資格」をベースに月給が決定します。そして職位（役職）に応じた手当が付きます。賞与は職能資格を基礎として、半年の個人テーマ達成度や際立った成果による業績加点があります。

　退職金は手厚く、厚生年金の不足を補うべく定年後月額21万円を受け取れる「新退職金制度」を導入するなど定年後の生活までを考慮した仕組みが整えられています。

　流動排出タイプの2社は社員に「自分の力」によってキャリアを切り開き市場価値を高めることを求め、促進するメッセージが賃金・退職金からもうかがえます。長期育成タイプの2社は社員の「生活」を考慮して賃金・退職金を設計しています。

賃金・退職金（外的報酬）の特徴

流動・排出

サイボウズ

賃金	退職金
賃金レンジ ➡ 社外的価値 賃金額の決定 ➡ 社内的価値	なし

リクルート

賃金	退職金
月給 ➡ ミッション 賞与 ➡ 成果	早期退職 優遇

アカツキ

賃金	退職金
ベース報酬 （年収の4/5） ➡ 貢献価値 プレミア報酬 （年収の1/5） ➡ 業績評価	なし

トヨタ

賃金	退職金
月給 ➡ 職能資格 ＋職位手当 賞与 ➡ 職能資格 ＋業績加点	定年後の生活 を保証する

ベンチャー・中小企業　　　　グローバル・大手企業

長期・育成

まとめ

Chapter3.のまとめとしてツボ021〜030のQ＆Aを一覧としています（右表）。

また、人事担当者、管理職（マネジャー）、経営者、人材・人事業界の方それぞれに向けてこの「賃金・退職金（外的報酬）」でお伝えしたいメッセージを記載しています。

人事担当者の方へ

人事担当者、特に労務や給与担当者にとって賃金・退職金の設計や支払いは言うまでもなく非常に重要な仕事です。採用担当者にとっては採用市場で競争力のある賃金設定は死活問題でしょう。しかしその支払いの根拠を明確に語れる方は実は少ないのではないでしょうか。「なぜ、何に対してこの賃金を支払っているのか」自社の人材マネジメントの方針と照らしてその一貫性をもう一度考えてみてください。

大切なのは賃金に対する納得感です。等級（Chapter5.）と人事評価（Chapter2.）と紐付けて丁寧に説明できるようにしておきましょう。

管理職（マネジャー）の方へ

一次評価者であるマネジャーの判断によって、メンバーの人事評価結果は変わり、賃金と退職金が変動します。彼らの生活や人生設計にどのような影響があるのかを知るためにも、その仕組みを正しく捉えましょう。ただし、短期的なメンバーのメリットを狙って評価結果で細工をするような動きは結局メンバーのためになりません。どう育てるべきか、自社の人材マネジメントの方針と照らしながら一人ひとりの成長と向き合うためのツールとして活用してください。

経営者の方へ

経営者は採用市場での競争力・総額人件費のバランスを睨みながら、賃金・退職金などの外的報酬を決定します。会社への長期雇用が前提ではなくなりつつあり、多様性のマネジメントが求められる中、支払い根拠を公明正大に、明確にしていかなければなりません。何を一貫するのか大きな人材マネジメントの方針を示す必要があります。

人材・人事業界の方へ

人材紹介や人事コンサルタントなどの人事業界の方は、採用市場での競争力を客観的に把握できる立場にいます。顧客企業が限られたリソースの中から効果的な配分ができるよう、そして外的報酬だけではないその企業の魅力、内的報酬（Chapter4.）も見出していきましょう。

次のChapter4.では、賃金などの他者から与えられるものではない報酬、働きがい（内的報酬）について学びます。

021	賃金はどのように捉えるべきか？	労働の対価として過剰な満足ではなく納得できる水準を目指すべきもの
022	基本給とは何か？	賃金のベース
023	手当とは何か？	賃金のうち、基本給を補完すること、生活へ配慮し支えることを目的として支払われる諸費用
024	賞与とは何か？	支給額が予め確定していない、企業が自由に設定する賃金
025	賃金額はどのように上がっているのか？	「個人の変化」が「人事評価」「等級/役職・役割」という仕組みを介して、賃金は上がる
026	賃金はどのように設定すればよいのか？	「市場の競争力」「総額人件費」「支払う対象」の3観点から設定する
027	賃金に納得してもらうために必要なこととは？	決定プロセスが公開されており、等級と評価結果を根拠にして、丁寧に説明されること
028	退職金とは何か？	企業が「長期勤続」を奨励するために退職時に支払うことを約束した賃金
029	日本の賃金・退職金の特徴は？	複雑で有機的。「会社への長期の貢献」という期待が前提にある
030	これからの賃金を考える上で重要なポイントは？	公明正大。曖昧な説明は通用しなくなり、賃金を支払う対象とその根拠が、明確に求められる

日本では、名刺に「肩書き」が入っていることが重視されます。

私がリクルート社でコンサルタントとして働いていた頃、年配の叔母から「お前はいつになったら課長になれるの?」と聞かれたことがあります。なかなか出世しない甥を心配していたようでした。私はそれまで課長になるべきとも、なりたいとも思っていなかったのですが、そう見られているという事実に驚き、少なからずショックを受けました。自分の仕事に誇りを持っていれば万人に認められなくても良い、とも思いましたが、身近な人には認めてもらいたいとも感じたのです。きっとこの感情は自然なことでしょう。

かつての日本には「頑張っていれば課長にはなれる」という状況がありました。それは会社が成長してポスト（課長の席）が増え続けるという前提があったためです。景況感が変わり、ポストを作ることができなくなりました。そして、いつまでも課長になれないことは、働く人の不満を招き、意欲の低下につながりました。日本企業は苦心の末「課長代理」「部長補佐」などの実体を伴わない不思議な肩書きを生み出して対応してきました。

さらに、ある時期から日本で「ディレクター」「マネジャー」「リーダー」という肩書きが増えました。これは欧米の肩書きを取り入れたというより、増え過ぎた不思議な肩書きを一括で整理する意味合いが大きかったようです。例えば、課長も課長代理も部長補佐もまとめてマネジャーに、係長も主任も副課長もまとめてリーダーにして。増え過ぎた肩書きは統合されて、また新しい肩書きが誕生したのです。

肩書きはこのように実体のないもの。その役職を目指して頑張ること自体は健全な動機と言えますが、そこに囚われすぎると、ある日突然なくなって呆然としてしまうかもしれません。

働きがい

Chapter 4.

内的報酬

Q 報酬とは何か?

■報酬とは、働くことによって得られるものすべて

報酬とは何でしょうか? 多くの人が「賃金」のことだと思っているかもしれません。しかし報酬とは、働くことによって「得られるものすべて」のことです。例えば田坂広志は「仕事の報酬とは、能力、仕事、成長」だと言っています(『仕事の報酬とは何か』)。

■報酬とは賃金だけではない

報酬とは、賃金だけではない。そう捉えると企業の人材マネジメントにおける「報酬」の設計とは、働く人が「仕事によって何を得られるのか」、個人と組織の接点(タッチポイント)において「どんな嬉しいもの」があると組織パフォーマンスが最大になるのか、という設計に他なりません。例えば「納得感ある評価」によって賃金を「公平に分配」することだけではなく、組織内に「魅力的な仕事」を生み出し「適切に異動配置・アサイン」することも重要な報酬になります。

■内的報酬と外的報酬

報酬は大きく2つに分けられます。「内的報酬」と「外的報酬」です。

内的報酬とは、仕事そのものから生まれる報酬のことです。仕事にやりがいがあること、キャリア開発の喜びを感じること、職場の仲間や仕事で知り合った人たちとの人間関係から得られた社会的満足、などです。あると満足につながります。研究者ハーズバーグはこれらが「動機づけ(モチベーション)」の要因だと言っています。

外的報酬は、外から与えられる報酬です(ツボ021参照)。給与や昇進、社会的な地位があがる、大きい椅子に座れる、秘書がつく、などです。ハーズバーグはこれらが足りないと不満につながる「衛生(予防)」の要因だと言っています。

次のツボ032では内的報酬と外的報酬のバランスについて考えます。

A 報酬とは働くことによって得られるものすべて

図表031

報酬・内的報酬・外的報酬

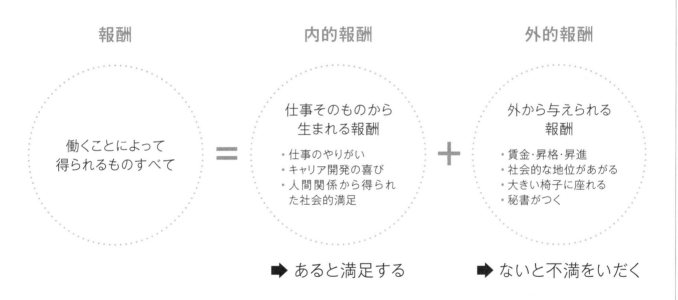

報酬		内的報酬		外的報酬
働くことによって 得られるものすべて	=	仕事そのものから 生まれる報酬 ・仕事のやりがい ・キャリア開発の喜び ・人間関係から得られ た社会的満足	+	外から与えられる 報酬 ・賃金・昇格・昇進 ・社会的な地位があがる ・大きい椅子に座れる ・秘書がつく

➡ あると満足する　　　➡ ないと不満をいだく

▶ 報酬には、賃金だけではなく、仕事のやりがいも含まれます　HINT

■ **最適なのは大きな内的報酬と適度な外的報酬**

組織パフォーマンスを最大化するためには、内的報酬と外的報酬はどのようなバランスで考えれば良いでしょうか？

賃金などの外的報酬は、多すぎても少なすぎても問題が生じます。賃金が少なすぎる場合、働く人の生活に支障が出る、不満から退職につながるなどの悪影響が起きることは想像に難くありません。

しかし賃金が多すぎる場合にも悪影響があります。プリンストン大学の心理学者、ダニエル・カーネマンによれば年収7万5000ドル（約900万円）を超えるとそれ以上は賃金が増えても幸福度（生活の満足度）に影響はないそうです。企業の負担を考えても、適度な外的報酬であることが重要だと言えます。外的報酬は適度であること、そして内的報酬は大きいこと、これが最適な状態だと言えます（図表032）。

■ **外的報酬は内的報酬を邪魔することも**
促進することもある

外的報酬は使い方によっては内的報酬を邪魔することがあります。例えば好きで勉強をしていた子供にご褒美（外的報酬）を与えてしまうと、それがなければ勉強をしなくなる、好きで熱中していた仕事に金銭報酬を与えられるとやる気がしなくなってしまう、など。これをローチェスター大学の心理学者エドワード・L・デシは「アンダーマイニング効果」と名付けました。

一方で、何かの賞を目指して頑張るなど、外的報酬があることによって内的報酬が促進されることもあります。これを「エンハンシング効果」と言います。

コストをかけて外的報酬を増やせば、人はやる気になるわけではない、むしろやる気を削がれたり、幸福度が減ったりすることもある。人材マネジメントの難しいところです。逆に言えばコストをかけなくても内的報酬を促進する方法は工夫次第でいくらでもある、とも言えます。

この Chapter 4 では内的報酬の促進について考えていきます。まず次のツボ033では、「働きがい」「仕事のやりがい」「働きやすさ」について確認します。

図表032

内的報酬と外的報酬のバランス

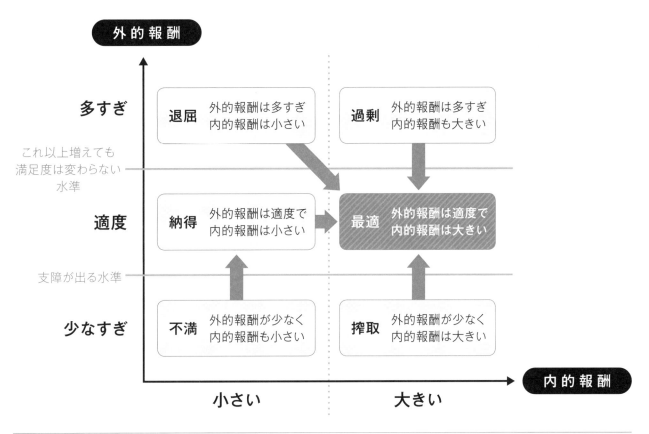

▶ 大きな内的報酬と、適度な外的報酬によって、最適な状態を目指しましょう HINT

働きがいとは、仕事のやりがいと
働きやすさが揃っていること

「働きがい」「仕事のやりがい」「働きやすさ」似たような言葉ですが、それぞれ意味が違います。世界中の企業の働きがいを調査しているGPTW社の定義によれば「働きがい」とは「仕事のやりがい」と「働きやすさ」が揃っている状態です（図表033）。

100 の ツボ
033

仕事のやりがいとは、手応えを感じながら
前に進むこと

仕事のやりがいの「甲斐（がい・かい）」とは、ボートを漕ぐときに手に持つオールのことです。前に進むときに抵抗を感じてこそ、やりがいなのです。前に進まなくては、やりがいは感じられません。しかし楽々と進んでしまっても、やりがいにはなりません。困難に手応えを感じながら前に進むことが「やりがい」なのです。仕事自体から生まれる報酬「内的報酬」、研究者ハーズバーグの言う「動機づけ（モチベーション）要因」とも関係が深い言葉です（ツボ031参照）。

働きやすさとは、快適に働き続けられる
環境があること

働きやすさとは、快適に働き続けるための、就労環境や労働条件があることです。働きやすさを向上させるために、労働時間を短くする、有休消化率をあげる、賃金水準を上げる、といった施策が取られます。

外部から与えられる報酬「外部報酬」、ハーズバーグの「衛生（予防）」とも関係が深い言葉です（ツボ031参照）。

「働き方改革」は主に「働きやすさ」を
推進している

現代の企業が「働き方改革」として取り組んでいるのは、主に「働きやすさ」に関する施策です。施策の成果が目に見えやすく、着手しやすいためです。そして「仕事のやりがい」は目に見えにくく、すぐには成果が見えないため、本質的な取り組みは難しいようです。

次のツボ034では働きがいと業績の関係について確認します。

A 働きがいとは、仕事のやりがいと働きやすさが揃っていること

図表033
働きがい・仕事のやりがい・働きやすさ

働きがい

仕事のやりがい

働きやすさ

やりがいと働きやすさが揃っている状態

＝

仕事に対するやる気やモチベーションなど

＋

快適に働き続けられる就労条件や報酬条件など

➡ 目に見えにくい

➡ 目に見えやすい

（マイケル・C・ブッシュ &GPTW 調査チーム『世界でいちばん働きがいのある会社』を元に作成）

▶働きやすさは快適の上にあり、仕事のやりがいは困難の先にあります　HINT

Q 働きがいと業績は本当に関係があるのか？

100 の ツ ボ
034

■働きがいのある会社は株式のリターンが大きい

働きがいと会社の業績はどのような関係にあるのでしょうか？

株価の変動においては次のことがわかっています。GPTW社はフォーチュン誌と共同でアメリカの「働きがいのある会社」ランキングを発表していますが、その上位100社は株式への投資累積リターンが市場平均の約3倍でした（図表034）。

また日本においても同様の調査結果が出ています。日本2010年版「働きがいのある会社」にランキングされた会社のうち上場10社に等金額を株式投資したところ、7年後の2017年3月末時点でリターンは172.6%となりました（同時期の日経平均は70.5%、TOPIXは54.5%）。

■働きがいのある会社は売上の伸び率が高い

直接的な業績である売上においても、働きがいのある会社は良い結果を出しています。日本2018年版「働きがいのある会社」に参加した会社のうち、ランキングに入った会社（92社）と、ランキングに入らなかった会社（106社）において「売上の対前年伸び率（2016年度から2017年度）」を比較したところ、前者は33.9%、後者は12.0%と20%以上の差が見られました。

■業績と働きがいとどちらが先なのか？卵が先か鶏が先か

これらの結果は何を示しているのでしょうか？働きがいがあるから業績が上がったのか、業績が上がっている状況だから働きがいがあるのか。果たして卵が先なのでしょうか、それとも鶏が先なのでしょうか。その因果関係までは調査結果からは判断できません。

しかしひとつ言えることがあります。業績も働きがいも（卵も鶏も）どちらも大切にしていかなければ、それらが生まれ続ける連鎖は途切れてしまうだろう、ということです。

次のツボ035では世界で一番仕事のやりがいのある国と、ない国を紹介します。

働きがいのある会社は、株式のリターンが大きく売上の伸び率も高い

図表034

働きがいのある会社モデル

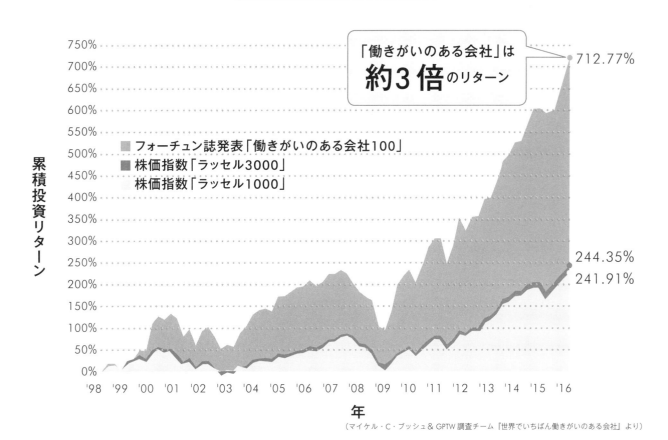

「働きがいのある会社」は
約3倍のリターン

712.77%

累積投資リターン

- フォーチュン誌発表「働きがいのある会社100」
- 株価指数「ラッセル3000」
- 株価指数「ラッセル1000」

750%
700%
650%
600%
550%
500%
450%
400%
350%
300%
250%
200%
150%
100%
50%
0%

244.35%
241.91%

'98 '99 '00 '01 '02 '03 '04 '05 '06 '07 '08 '09 '10 '11 '12 '13 '14 '15 '16

年

（マイケル・C・ブッシュ & GPTW 調査チーム『世界でいちばん働きがいのある会社』より）

▶「働きがいのある会社」のランキング100社は株価も上昇傾向が見られます　HINT

Q 世界で最も仕事のやりがいがある国・ない国は?

世界各国における「仕事のやりがい」はどのような状況でしょうか。Indeed社が2016年に1000万社を対象に行った調査によれば、35カ国のうち最もやりがい（job happiness）が高い国はコロンビアで、最も低い国は日本でした。

■ 仕事のやりがいがある国の特徴

仕事のやりがいは国の経済状況と連動していないようです。仕事のやりがいが1位のコロンビアは、GDPは世界で37位です。逆にGDP1位の米国は、仕事やりがいは22位となっています。

コロンビア、アイルランド、スペイン、ベネズエラなど仕事のやりがい上位ランキング国は失業率が高く、ロシアとブラジルは深刻な不況に悩まされています。これらの国の人々は「雇用され、仕事があること自体が幸運だ」と感じているようです。

コロンビアで最もやりがいのある仕事は「実習生」、2番目が「研修生」です。コロンビアの平均年齢は28歳と若く、これから希望のあるキャリアが始まり、新しいスキルを学ぶ機会も多い状態にあるためだと考えられます。他には「電気技術者」「インストラクター」および「プライベートガード（裕福な人のボディガード）」などがやりがいのある仕事としてあげられています。

■ 仕事のやりがいがない国の特徴

ランキング下位のリストには日本やドイツといった経済大国が多く含まれています。裕福な国に住んでいても、仕事のやりがいは感じていないのです。日本では年齢の中央値が45歳（ドイツは46歳）。仕事でも家庭でも責任は重く、コロンビアの実習生のように自分のキャリアに希望を見出すことが難しいのかもしれません。

次のツボ036ではなぜ日本では仕事のやりがいが低いのかを考えます。

A 35カ国のうち、最も仕事のやりがいがある国はコロンビア、ない国は日本

図表035

仕事のやりがいランキング

仕事のやりがいランキング上位10カ国

ランク	国
1	コロンビア
2	メキシコ
3	ロシア
4	アイルランド
5	ブラジル
6	ノルウェー
7	チリ
8	ニュージーランド
9	スペイン
10	ベネズエラ

仕事のやりがいランキング下位10カ国

ランク	国
26	中国
27	インド
28	シンガポール
29	オーストリア
30	マレーシア
31	ポーランド
32	フランス
33	南アフリカ
34	ドイツ
35	日本

(Indeed『The Indeed Job Happiness Index 2016：Ranking the World for Employee Satisfaction』を元に作成)

▶国の裕福さは仕事のやりがいを向上させないようです　HINT

100 の ツ ボ
036

日本の「仕事のやりがい」は世界で最も低く（ツボ035参照）、かつ年々下がり続けています（図表036）。これはなぜでしょうか？ 古野庸一・小野泉『「いい会社」とは何か』では、その理由を5つ推測しています。

■1．わかりやすい目標・希望の喪失

「良い大学に入って、良い会社に入れば、毎年給与は上がり、仕事の幅も広がり、成長し、昇進していく」というわかりやすい成功の方程式が、社会全体として通じなくなってきました。

■2．会社への信頼の喪失

日本企業の経営層への信頼感は下がり続けています。信頼していない人に従うという行為は、自尊心を傷つけ、不安やストレスを増幅させます。

■3．非正規社員の増加

1984年に15%だった非正規社員は増加を続け2016年には37%となりました。一般的に非正規社員は仕事でやりがいを感じ難いと言われています。

■4．仕事が生活に占める割合の低下

1980年代〜2000年代にかけて生活全体の満足度は、あまり変化していません。生活において、仕事ではないところに満足を求める層が増えているようです。

■5．人の欲求水準・願望水準の高まり

欲求水準・願望水準が高まったことで、仕事においても金銭より、承認、帰属意識、自己効力感、成長感といった情緒的なものを求めるようになりました。その多様さに企業が対応できていないのかも知れません。

次のツボ037では、やりがいのある仕事を作るために必要なことを考えます。

図表036

下がり続ける「仕事のやりがい」

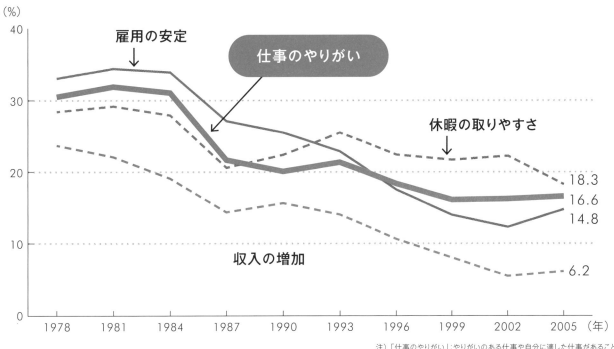

「十分満たされている」「かなり満たされている」とする者の合計の割合

（％）

- 雇用の安定
- 仕事のやりがい
- 休暇の取りやすさ
- 収入の増加

18.3
16.6
14.8
6.2

1978 1981 1984 1987 1990 1993 1996 1999 2002 2005 （年）

注）「仕事のやりがい」：やりがいのある仕事や自分に適した仕事があること
（内閣府『国民生活選好度調査』を元に作成）

▶ 雇用・収入の満足度とともに、仕事のやりがいは長期的に低下傾向にあります

HINT

Q やりがいある仕事のために必要なことは？

どうやってやりがいのある仕事を作れば良いのでしょうか。「仕事の報酬は仕事」という言葉が社内共通言語となっているリクルート社から学んでみましょう。

■ ハックマンとオルダム
「職務設計の中核五次元」

『心理学的経営』はリクルート社の人事役員として組織文化を作ってきた大沢武志による実践書です（Column 04参照）。同書では仕事を設計する原則としてハックマンとオルダムの「職務設計の中核五次元」をあげています（図表037）。「スキルの多様性」「タスクアイデンティティ」「仕事の有意義性」「自律性」「フィードバック」。この5つを満たす仕事は「やりがい」が高まる可能性が高いのです（ただし当人の能力と技能が著しく低い場合、成長への欲求が弱い場合、賃金や作業条件など環境条件に不満を持っている場合には、やりがいは高まりません）。

私はコンサルタントとして数十社の仕事を分析してきましたが、この中核五次元は業界・企業規模・職種にかかわらず共通していると感じています。

■「若者を仕事に駆り立てる」心理的条件

同書は「なぜリクルート社の社員はそんなに元気なのか?」という世の中の問いに答えて書かれたものです。その「若者を仕事に駆り立てる」秘訣とも言える心理的条件が次のとおり示されています。

自己有能性：挫折感や自身の喪失などの葛藤を乗りこえ自己効力感を体験できること
自己決定性：自由裁量の幅が大きいだけではなく、自己責任性を伴うこと
社会的承認性：努力、苦労、成果が認められることで心理的充足と情緒的安定を得ること

自己効力感、自己裁量、自己責任、心理的充足、情緒的安定…。昨今も流行として耳にする言葉たちですが、40年以上前から日本企業であるリクルート社で実践されてきたのですね。まさに変わらぬ原則（不易）であると言えるのではないでしょうか。

次のツボ038では、やりがいと似た概念である「モチベーション」の高め方を考えます。

A 「中核五次元」を満たした仕事を設計すること

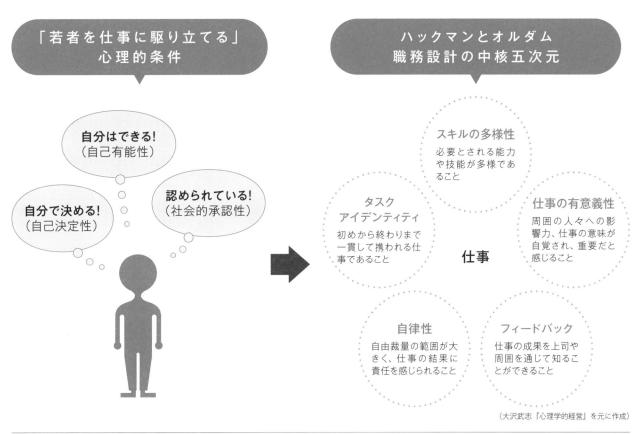

図表037

中核五次元と心理的条件

「若者を仕事に駆り立てる」
心理的条件

ハックマンとオルダム
職務設計の中核五次元

自分はできる！
（自己有能性）

自分で決める！
（自己決定性）

認められている！
（社会的承認性）

スキルの多様性
必要とされる能力
や技能が多様であ
ること

タスク
アイデンティティ
初めから終わりまで
一貫して携われる仕
事であること

仕事の有意義性
周囲の人々への影
響力、仕事の意味が
自覚され、重要だと
感じること

仕事

自律性
自由裁量の範囲が大
きく、仕事の結果に
責任を感じられること

フィードバック
仕事の成果を上司や
周囲を通じて知るこ
とができること

（大沢武志『心理学的経営』を元に作成）

▶ やりがいを確実に得る方法は存在しませんが、高める原則は存在します　HINT

100のツボ
038

■モチベーションとは「目的に向かう行動・動機」

モチベーションは単純に「やる気」という意味で使われることも多いのですが、その語源はモーティブ（MOTIVE）とアクション（ACTION）です。モーティブとは動機・理由・目的、そしてアクションは行動です。「目的に向かう行動・動機」のこと、ベクトルとして方向性とエネルギー（熱量）を持ったものだと考えられます。

つまりモチベーションを高めるとは、目的への方向性が明確になり、そこへ向かう熱量が高まる、ということです。

■目標と報酬のサイクルを回す

研究者角山剛によれば、「目標」と「報酬」のサイクルこそがモチベーション促進の構造です（図表038）。

「努力」によって達成できると思える、明確な「具体的目標」があり、その先にある「成果」が「報酬」に結びついていること、「報酬」は本人にとって望ましいものであること。「成果」をあげた成功体験が積み重なり「自己効力感」が促進され、さらに「努力」をするようになる。このようなサイクルが、モチベーションを高め続けていきます。

■達成可能と思える・明確で・具体的な目標

このサイクルにおいて起点となるのは「達成可能と思える・明確で・具体的な目標」をデザインすることです。組織における目標とは会社から与えられるものでも、自分がやりたいものでもなく、双方で握手するものです（ツボ016参照）。目標設定の機会は、組織の目的を「指し示す」ことでモチベーションを上げる、最高にクリエイティブな瞬間です。そしてモチベーションを維持していくためには日々のフィードバックが重要となります（ツボ019参照）。

次のツボ039では仕事のやりがいを持つ必要性について考えます。

A 「目標」と「報酬」のサイクルを回し続ける

図表038

モチベーション促進のサイクル

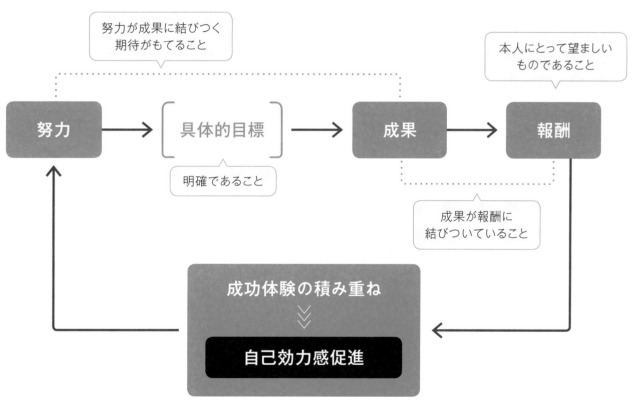

努力が成果に結びつく
期待がもてること

本人にとって望ましい
ものであること

努力 → 具体的目標 → 成果 → 報酬

明確であること

成果が報酬に
結びついていること

成功体験の積み重ね
∨∨
自己効力感促進

（リクルートマネジメントソリューションズ　角山剛へのインタビュー「目標と報酬のないところにモチベーションは起こらない」を元に作成）

▶ サイクルを回し続けるためには、日々のフィードバックが必要です　HINT

100のツボ
039

■『「やりがいのある仕事」という幻想』

「やりがいのある仕事」のことを幻想だと言い切っているアンチな本をご紹介します。

作者の森博嗣は、大学准教授だったため学生や卒業生から仕事についての悩みをよく相談をされたのだそうです。この『「やりがいのある仕事」という幻想』という本は、そんな悩める若者たちに向けて書かれた本ですが、働く人にとっても人材マネジメントに関わる我々にとっても参考になる内容だと感じました。森博嗣は悩む学生たちをこう見ています。

昔は悩む暇などなかっただけのことで、今は、悩めるだけでも豊かになった証拠では、と認識しているけれど、それを書いたら身も蓋もないか（書いたが）。

そう、森博嗣は身も蓋もない人です。この仕事論もアンチだけど鋭く、そこがとても刺激的でした。仕事のやりがいについて、考えすぎて行き詰まったときに読むと頭に違う風が吹くと思います。少し引用してみましょう。

「仕事は楽しいものだ」「仕事を好きにならなくてはいけない」という幻想を持っていると、ちょっとした些細なことが気になって、「なんとかしなければ気持ちが悪い」と悩んでしまう。僕が、相談を受けるものの多くは、これだった。

つまり、苦労と賃金を比較するというよりは、理想と現実を比較しているのである。さらに分析

すると、その理想というのは、勝手に妄想していたものだし、また、現実というのも、よく観察された結果ではなく、勝手に思い込んでいるものにすぎない。

■人は働くために生きているのではない

この本の一貫した主張は「人は働くために生きているのではない」だから「仕事に（無理に）やりがいを見つける必要はない」ということです。そんなことで悩まず、もっと自由に生きてはどうかと（その先に、本質的なやりがいがあると）。

■「やりがい」に囚われる不自由

他者の前提を無条件に受け入れる囚われた思考は不自由だと森博嗣は言います （図表039）。仕事には「やりがい」が必要だという前提に囚われているのはとても不自由なことです。そして、その前提に乗っていれば会社から「やりがい」が与えてもらえると思い込んでいる人は、決して「やりがい」に辿り着かないでしょう。迷いながらも自らオール（甲斐）をもって漕いだ先にのみ、それはあるのではないでしょうか。

次のツボ040ではこれからの仕事のやりがいについて考えます。

A 無理にやりがいを持つ必要はない

図表039
不自由な思考と自由な思考

| 「不自由」な思考 | 「自由」な思考 |

例：働かざるもの食うべからず

「働くことが偉い」という他者からの前提を無条件に受け入れその思考に束縛されている。卑屈で不自由。

例：一日なさざれば、一日食らわず

なすべきことに向けて自分を律して進んでいる。高尚で自由。

（森博嗣『笑わない数学者　MATHEMATICAL GOODBYE』を元に作成）

▶「やりがい」に囚われすぎて悩むのは本末転倒ですね　HINT

100のツボ
040

■すべての従業員が働きがいを感じる会社

　一般的に、「働きがい」はリーダー層（経営層と管理職層）が高く、一般従業員が低い傾向があります。しかし、両者のギャップが小さい会社ほど好業績である（売上高成長率が3倍程度高い）ことがGPTW社の調査からわかりました（図表040）。同社のマイケル・C・ブッシュ社長は特定の層だけではなく「すべての従業員」が働きがいを感じ、「人の潜在能力が最大化」している「全員型働きがいのある会社」をこれからの理想モデルとして掲げています。

■企業は一人ひとりと向き合う

　働きがいの構成要素のうち「働きやすさ」は企業の努力によって改善が進められています。しかし「仕事のやりがい」はどうでしょう。仕事のやりがいは働く人自身が感じるものであって、他者から与えられるものではありません。画一的に促進することはできないでしょう。自社のミッションにマッチした人材を採用し、働く人一人ひとりと向き合い、魅力的な目的・目標に向けて握手し協力し合う、個別的で、かつ対等な関係が企業には求められていくはずです。

■仕事の本質に没頭し自分が活きるプロセス

　外してはならない原則はなんでしょうか。青山拓央『幸福はなぜ哲学の問題になるのか』にはこうあります。

> 　仕事における個々の行為が、それ自体を目的とし、それ自体において徳（アレテー）が十全に発揮される「活動」であるならば、その仕事は生きがいにつながります。

　アレテーとは、実践的な習慣づけによって伸ばされた「卓越性」のことです。その卓越性が十全に発揮されるとき、人間は「エウダイモニア」に至ります。エウダイモニアとは古代ギリシアの哲学者アリストテレスが提唱した本質的な幸せのことです。

　仕事の本質に没頭し、自分の卓越した能力が十分に活きるプロセスこそ、やりがいであり、生きがい、幸福につながる。それは2300年前から変わらない人間の姿のようです。

図表040

リーダー層(経営層と管理職層)と従業員の意識のギャップが小さいほど好業績

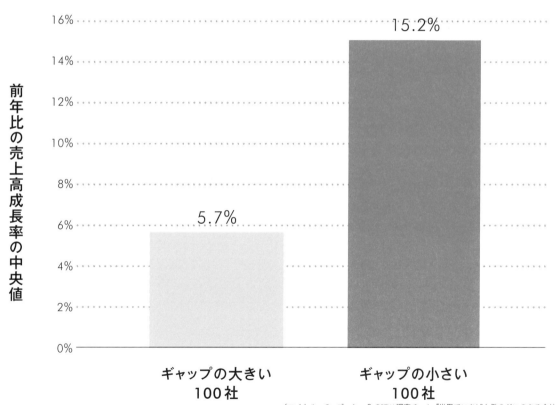

前年比の売上高成長率の中央値

- ギャップの大きい 100社：5.7%
- ギャップの小さい 100社：15.2%

（マイケル・C・ブッシュ & GPTW 調査チーム『世界でいちばん働きがいのある会社』より）

▶ 仕事に没頭して自分の能力が十分に活かせることは人間の本質的な幸せです　HINT

4 社の実例

4タイプの企業の「働きがい（内的報酬）」の特徴を取り上げました。

実例1. サイボウズ社
「100人100通りの働き方」

ベンチャー中小・流動排出タイプのサイボウズ社では、「働きやすさ」を追求しています。働くメンバーの多様性を受け入れて、さまざまな人事制度を構築してきました。「選択型人事制度」では、働く場所の自由度と時間の長短を軸にかけ合わせた9種類の選択肢から希望する働き方を月単位で選択できるところからスタートし、今では「100人100通りの働き方」を標榜しています。給与形態の選択肢も、裁量労働制、月給制、働いた時間に応じた支給の中から本人の希望で選ぶことができます。GPTW社「働きがいのある会社」ランキングに6回連続選出（2019年時点）。

実例2. アカツキ社
「ハートドリブン」

ベンチャー中小・長期育成タイプのアカツキ社では、メンバーの「感情・直感・感性」に寄り添った組織づくりを行っています。メンバーがワクワクして入れた「なんか面白い」機能がファンを作ると考えているのです。「合理性を追求して成果を追うことは、逆に成果につながらない」と信じているため、一部上場企業ですが業績予測も出しません。「Why（世の中をどうしたいのか）」からスタートし、数字以外の「KPIには落とし込めない目標」を徹底的に考えます。感情を組織に取り戻し、深いつながりを生み出す「分かち合い」の文化を重視し、自分の内側にあるもの（感じたこと）を周りと共有しています。GPTW社「働きがいのある会社」ランキングに6回連続選出（2019年時点）。

実例3. リクルート社
「Why are you here?」

グローバル大手・流動排出タイプのリクルート社では、業務に対し自分自身が「どうしたい」のかが問われます。自ら起案し、決裁責任者に説明しきることで醸成される「起業家精神」が重視されます。一人ひとりが「圧倒的な当事者意識」を持ち、成果にコミットすることが求められるのです。ゼクシィ・R25・スタディサプリなど数多くの事業を生み出した新規事業提案制度「Ring」や、グループ横断で最も優れた最新ナレッジを共有する「FORUM」がその起業家精神の文化を支えています。象徴的な「自ら機会を創り出し、機会によって自らを変えよ」という旧社訓は、もう公的に謳っていないのですが、いまだに多くの社員の

人生訓として息づいています。

実例4.トヨタ社
「改善（KAIZEN）」

　グローバル大手・長期育成タイプのトヨタ社では、世界160カ国以上の国や地域にクルマを届けており、仕事を通じて「社会に貢献している」実感と誇りを持っています。世界で100のパイを取り合うのではなく101に地道に育てていく「共存共栄」を標榜しています。そのために「今よりもっと良い方法がある」と考えて改善（KAIZEN）を続けることが重視され、高い目標に向けて成長することが求められます。福利厚生は充実しており、労働環境は整備されています。

　流動排出タイプの2社は「自分はどうしたいか」が問われ、長期育成タイプの2社は「世の中・社会をどうしたいか」が問われています。

働きがい（内的報酬）の特徴

流動・排出

ベンチャー・中小企業

サイボウズ
▼
100人100通りの働き方
働きやすさを追求

リクルート
▼
Why are you here?
自ら機会を創り出し、
機会によって自らを変えよ

アカツキ
▼
ハートドリブン
メンバーの
感情・直感・感性に
寄り添った組織づくり

トヨタ
▼
改善（KAIZEN）
モノづくりは
人づくりから

グローバル・大手企業

長期・育成

まとめ

　Chapter4.のまとめとしてツボ031〜040のＱ＆Ａを一覧としています（右表）。

　また、人事担当者、管理職（マネジャー）、経営者、人材・人事業界の方それぞれに向けてこの「働きがい（内的報酬）」でお伝えしたいメッセージを記載しています。

人事担当者の方へ

　人事とは「人を生かして事を成す」役割。そう考えると「内的報酬」は人事にとって最も重要な領域と言えます。快適な環境「働きやすさ」への着手は、結果が目に見えるため容易です。しかし「仕事のやりがい」は、本質的な取り組みが求められます。自社の仕事の「意義」を探ることになるからです。

管理職（マネジャー）の方へ

　現場をよく知るマネジャーにとって、「仕事のやりがい」とは実は自明のことかも知れません。自分やメンバーにとっての「仕事の意義」や「誇り」を、経営や人事へ橋渡しして伝えながら、より充実して働くことができるように環境を整えることが求められています。

経営者の方へ

　経営者にとって、社員の「働きやすさ」「仕事のやりがい」が低下しているということは大きな痛みであり、時には目を背けたくなる領域かも知れません。「人を生かし、短期・長期の組織パフォーマンス」を最大化するために、元来自明であったはずの「仕事の意義」を、自社で得られる内的報酬を磨いていきましょう。

人材・人事業界の方へ

　人材・人事業界の方は、他社と比較して顧客企業の内的報酬を把握できる立場にあります。さらに増幅させる提案によって日本企業全体の働きがいを加速していきましょう。

　次のChapter5.では、人材マネジメントの骨格とも言える等級について学びます。

大沢武志『心理学的経営』（1993/10、PHP研究所）は、私の座右の書です。断言します。名著です。

「リクルートの社員はどうしてそんなに元気なのですか?」という世の中からの問いに、リクルート社の人事役員として組織文化を作ってきた大沢武志が答えた本です。その内容はモチベーションのマネジメント、小集団と人間関係、組織の活性化、リーダーシップと管理能力、適性と人事、個性化、と人材マネジメントの多岐にわたります。リクルート社の人事であり、経営者であり、心理学の研究者であり、採用適性検査SPIの開発者である大沢武志の実践の書からは、人材マネジメントの原理原則が学べます。その哲学は「個をあるがままに生かす」。少し引用してみます。

Column 04
『心理学的経営』を読む

　心理学的経営とは、いわば経営リアリズムであって、まず、人間を人間としてあるがままにとらえるという現実認識が出発点。そもそも人間の行動は、いわばノイズとしてのムダな情緒や感情を基底にもつところにその本質がある。効率性と合理性を優先させる組織論は、人間存在の一方の重要な側面を無視しているのである。（中略）合理性の原則や能率の論理のみにとらわれていると、一人ひとりの個性などはどこかへ葬り去られてしまう。大切なのは、キレイごとではすまない現実の世界でアンビバレントなコンフリクトを受容し、それを乗り越えるヒューマニズムではないだろうか。何人も人間の真実を避けては通れないのである。

長く絶版になっていたのですが嬉しいことに2019年に復刻しています。人事、マネジャー、経営者、人材マネジメントに関わるすべての方に読んで欲しい本です。

等

Chapter 5.

級

Q 等級とは何か?

■等級は人材マネジメントの骨格

みなさん、等級をご存知ですか? 答えられなかった方は安心してください。ほとんどの社会人は詳しく知らないのではないかと思います。普通に働いている分には、知る必要がない領域と言えるのかも知れません。

しかしこの等級こそ人材マネジメントの「骨格」なのです。採用要件、人事評価の基準、賃金などの外的報酬の水準は、等級という骨格の上に組み立てられています。

一見知っているようでも、誤解している方が多い領域でもあります。例えば、私がこれまで人事コンサルタントとして出会った、多くのマネジャー（管理職）や人事の方々はほとんどが誤解していました。特に転職してきた人は前の会社の等級の考え方に引きずられていて、混乱していました。

等級がそうやって誤解されているのは、その組織の中では前提となってしまっているため日常考える機会がないからです。人間は骨の形を知らなくても生活に困らないですよね。しかし本当に骨がなくなったらふにゃふにゃになってしまいます。

■等級とは人をランキング（序列）するもの

相撲の番付表、実はこれも「等級」です (図表041)。等級とは「人を何かの基準によってランキングするもの」です。番付表に横綱もいれば大関もいるように、企業における等級とは社員に格差を付けるためのものです。AさんとBさんのどちらが上かを決めるものが等級です。

フラットな組織、平等な機会、公平な人事評価という言葉を企業からよく聞く昨今では、違和感がある人もいるかも知れません。

いったいなぜ、等級というランキング基準が必要なのでしょうか?

次のツボ042で考えていきましょう。

図表041

「番付表」という等級

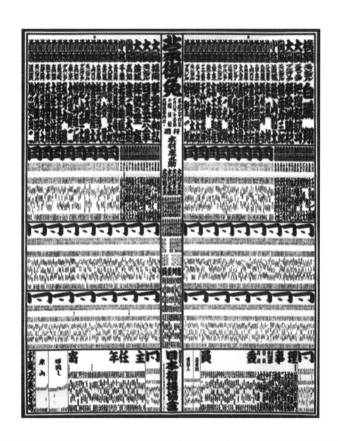

▶ 等級を正しく理解できれば、人材マネジメントの根幹を知ることができます　HINT

■企業の「基準」を明確にするため

なぜ等級が必要なのでしょうか?

等級とは人をランキング（序列）して格差をつけるものです。格差とは嫌な言葉ですね。「人に上下はない」と言いたくなります。しかし、よく考えてみてください。実際の賃金や処遇はみんな異なっています。何かで確実に格差はついているのです。その格差が「何の基準」でついているかを明確にしたものが等級です。フラットといいながら実は格差をつけている企業より、どこで格差をつけるか明言する企業のほうが間違いなく誠実です。

**■企業の人材マネジメントのコンセプトを
具現化したもの**

あなたの会社では、何を基準に社員を高く遇していますか?

年齢、勤続年数、役職、職務、能力、成果、過去の貢献……。答えられますか? そして、それを基準にしているのは何故でしょうか? その基準こそが、企業の人材マネジメントの思想の根本、コンセプトであり、それを具現化したものが「等級」です。等級によって中長期の人と組織の質が大きく変わっていきます。

■人材マネジメントに「一貫性」を持たせる

人材マネジメントを効果的にするためには、社内外環境への「適応性」と、施策間の「一貫性」が必要です（ツボ007参照）。ここを指し示すことができるかどうかが人材マネジメントの成否を決めます。

人材マネジメントの各領域（等級・評価・報酬・リソースフロー・人材開発・組織開発）をコンセプトである等級によって有機的に繋ぐ（図表042）ことで、領域間には一貫性が保たれ、経営戦略を支え、ミッション（経営理念）を実現するものとなります。

そして働く個人の立場からすると、そこを知らないまま頑張るのは、自分のキャリア形成上、非効率的と言えます。

次のツボ043では等級にはどんな種類があるのかを見ていきます。

図表042
人材マネジメントにおける等級の位置付け

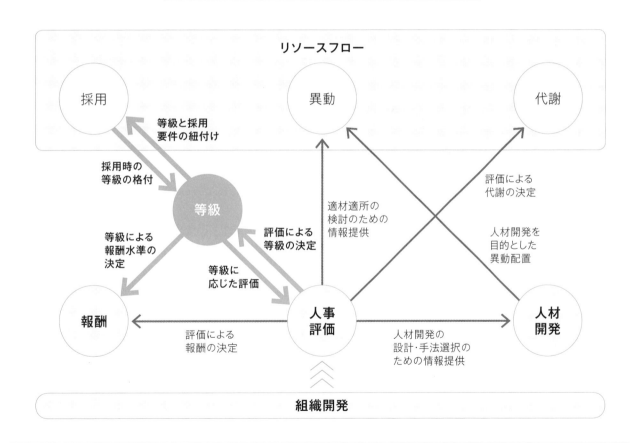

▶ 等級を基準とすることで、採用・報酬・人事評価の一貫性が保たれます

Q 等級にはどのような種類があるか？

100 の ツ ボ
043

■「人」基準と「仕事」基準

等級には大きく2種類あります。「仕事」基準と「人」基準です。「仕事」基準とは、仕事によって等級が区分されること（差がつけられること）、「人」基準とは人によって等級が区分されることです。少しわかりにくいかもしれませんので、例をあげます。

経理と労務と総務の仕事ができるAさんと、経理しかできないBさんを、あなたの会社が雇ったとします。2人が経理担当という同じ仕事についたとき、どちらの賃金を高くしますか？

多くの日本企業の方は、経理と労務と総務ができるAさんを高くすると答えるのではないでしょうか。それが人基準です（逆に同じ経理担当だからAさんとBさんは同じ賃金だ、とするのは仕事基準です）。

経験や能力は人に属するもの。人によって扱い（賃金、区分）を変えるのが人基準の等級です。そして、経理担当という仕事であればどんな人であっても扱い（賃金、区分）を変えないのが仕事基準の等級です。

■年功、職能資格、職務、役割

人基準の等級には、年齢や経験で区分を変える

「年功」、能力で区分を変える「職能資格」などがあります。仕事基準の等級の代表選手は「職務」そして「役割」です（図表043）。

次のツボ044からその4種類の代表的な等級についてそれぞれ説明していきます。

Chapter 5. 等級

図表043

等級の種類

人基準		仕事基準	
年功	職能資格	職務	役割

年齢・勤続年数

職務遂行能力

職務の種類 → 職務のレベル

役割の種類 → 期待する役割レベル

- 年齢や勤続年数とともに等級が上がる。
- 役職（ポスト）もそれと連動して上がる。
- 下がることはない。

- 職務遂行能力とともに等級が上がる。
- 役職（ポスト）は連動しない（昇進）。
- ほとんど下がることはない（稀にある）。

- どの職務に就くかによって等級が決まる。
- 職務によって上がりも下がりもする。

- どの役割（職務を大きく括ったもの）を期待されるかによって等級が決まる。
- 役割によって上がりも下がりもする。

▶ **管理職は役割、一般社員は職能資格など、組み合わせることもあります** HINT

Q 年功とは何か？

▲ 戦後の日本企業を支えた年功

　戦後からほぼ30年あまり、日本企業の多くは年功でした。学歴や入社年次（年功）に基づいて昇進が行われ、それに伴って部長や課長という役職（ポスト）も上がっていく等級です〈図表044〉。導入企業ではこんな景色が見えていたことでしょう。

　一緒にがんばっている社員のうち「年齢」や「勤続年数」の高いベテランたちは、給与が上がる。しかし、会社全体としては、みんな大変な状況なので、ベテランの給与といってもすごく多いわけではない。

　年配のベテランたちは家族を抱えており、若手よりも生活にお金がかかるので、周囲も助けたいと思っていて納得感がある。そのベテランたちは「経験」が長いため、課長や部長といったポストを担う。そもそも経済発展の中で新しい仕事が生まれ続けているので、ポストは増えているし、むしろ人が足りない。若手はいずれ自分もそうなるのだと思って、がんばって経験を積み重ねる。

　戦後、日本経済は疲弊していました。飢えている全ての人たちの生活を担保するため、少ない原資をみんなで平等に分ける必要がありました。

　厳しい経営環境の中で「社員の生活をできる限り保障する」。そのコンセプトを具現化したものが「年功」です。当時は労働争議が多く勃発し、労働者を査定してランク付けすることに強い抵抗があり職務も能力も査定しない形が求められました。また企業もマネジメントに多くのコストをかけられない実態もありました。そこでシンプルに、年齢が高い人には、高い給与を支給する「年功」が採用されました。戦後日本で人を生かすために合理的な選択だったのです。

▲ 年功の限界はポスト不足

　戦災から復興し、社会全体が豊かになるにつれ、年功は支持されなくなりました。それは、がんばった人もそうでない人も給与に差がつかず、納得感がない、やる気がおきない、という問題が生じたからです。そして二度の石油危機による経済成長の鈍化によって企業の成長が止まり、ポストがなくなってきました。高齢化が進み高学歴の新人が増加する中で、組織は柔軟な変更ができず硬直化しました。

　そこで登場するのが、日本で最も長く続き、いまも多くの企業が導入している「職能資格」等級です。次のツボ045で見ていきましょう。

100 の ツ ボ
044

A 年齢や入社年次を基準にした等級。
生活をできる限り保障する

図表044
年功の特徴

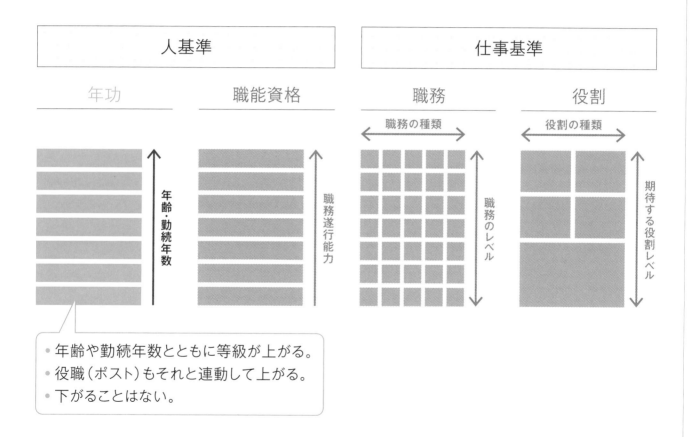

人基準		仕事基準	
年功	職能資格	職務	役割

- 年齢や勤続年数とともに等級が上がる。
- 役職（ポスト）もそれと連動して上がる。
- 下がることはない。

▶年功は、戦後日本において人を生かすための合理的な等級でした　HINT

100のツボ
045

■ **日本でもっとも普及している職能資格等級**

研究者楠田丘の提唱した職能資格等級（図表045）は1970年代から今日まで人材マネジメントの骨格として日本企業を支えてきました。その特徴を見てみましょう。

頑張って「能力」を上げれば評価され、昇格して給与が上がる。長い間、同じ格付けにいる社員は「あいつもそろそろ上げてやろう」と昇格して給与が上がる。しかし、昇進して課長や部長になれるかどうかはポスト（椅子の数）の話なので別の問題である。格は高いが課長ではない部下なし課長、課長代理、課長補佐などの役職が存在する。

■ **1. ポスト不足に対応した**
　　　「昇進と昇格の分離」

戦後の年功では会社に長くいる人が自動的に課長・部長になっていましたが、経済成長期に年齢ピラミッドの構造が変わりポストが不足しました。職能資格はこの問題を解決するために、昇格（職能「資格」等級が上がること）と昇進（「役職」がつき課長や部長になること）とを分離しました。「役職」ポストには定員（椅子の数）がありますが、「資格」には定員がないため、理論的には無限に昇格ができます。これによって人材活用の柔軟性を高めることができるようになりました。

■ **2. 調和と能力開発意欲の喚起を狙った**
　　　「全社一律の能力評価」

職能資格は全社一律共通の「能力」基準です。職種や地域の違いで差が生じないため、公平性、協力し合う風土の醸成、柔軟な異動配置、組織の流動性の担保というメリットがあります。一方で、人事評価の納得感には課題があります。職能資格の等級定義は抽象度が高く、昇格管理が甘くなりがちなのです。

■ **3. 終身雇用を前提とした**
　　　「積み上げ卒業方式の昇格」

職能資格では「過去の蓄積」が重視されます。今の等級要件を満たすと1つ上の資格に昇格できる「卒業方式」であり、降格（下に落ちる）はあまり起きません。また、職能資格の給与は終身雇用を前提とした社内基準であるため、外部労働市場から「時価」で人材を獲得するときに整合がとれないというデメリットも見過ごせません。

多くの課題を抱えながらも、日本企業が職能資格等級を好むのはなぜでしょうか？　次のツボ046で考えていきます。

職務を遂行する能力を基準にした等級
日本でもっとも普及している

図表045

職能資格等級の特徴

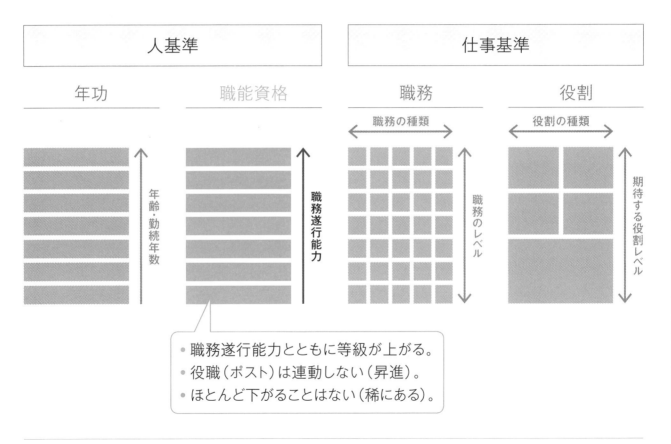

人基準		仕事基準	
年功	職能資格	職務	役割

年齢・勤続年数

職務遂行能力

職務の種類 ← → / 職務のレベル

役割の種類 ← → / 期待する役割レベル

- 職務遂行能力とともに等級が上がる。
- 役職（ポスト）は連動しない（昇進）。
- ほとんど下がることはない（稀にある）。

▶職能資格は、1970年代から今日まで日本でもっとも普及している等級です　HINT

■ 馴染まなかった仕事基準

日本では今でも職能資格等級が普及しています（図表046）。これはなぜでしょうか？

実は、戦後にGHQが日本の人基準の等級を合理的ではないと非難し、「職務」等級を入れるように指導してきたことがありました。それを受けて1950年代中盤から各企業で職務等級の導入が試みられます。職務が給与を決めるという仕組みは合理性が高く明快だったのですが、普及しませんでした。

> ここには、後輩への面倒見のよさも、各人の切磋琢磨にも評価が与えられない。和と研鑽を旨とする日本的伝統とはなじまない制度だったのでしょう。（海老原嗣生　荻野進介『名著で読み解く　日本人はどのように仕事をしてきたか』p63）

職務等級は「心」の部分で日本になじまなかったようです。その時、職務等級の導入を指導するGHQに対してNOの声をあげ続けたのが、職能資格を提唱した研究者楠田丘です。押し付けられる仕組みを嫌い、自分たちの風土を守ったこの姿勢は、誇るべきものだと私は感じています。

■ 日本人は「調和」を壊したくない

日本人は調和を好みます（Column 05参照）。たとえ合理性があったとしても、自分や他者が集団の和を乱して、一人抜きんでるようなことはあまり歓迎されません。職能資格等級は全社員一律で大きな差が開きにくい仕組みです。

しかしその裏返しで曖昧さによる弊害、中途人材採用における不整合といった問題も抱えています。そのデメリットを解消するため、職務等級を導入する企業も増えてきました。次のツボ047では職務等級を確認します。

図表046
企業で使用されている等級

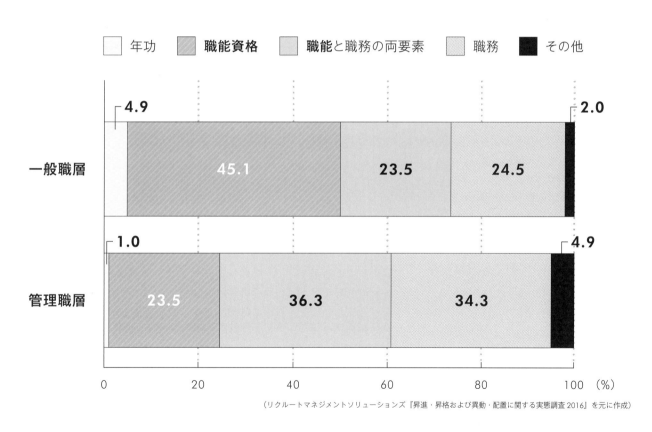

年功　職能資格　職能と職務の両要素　職務　その他

一般職層
4.9 ｜ 45.1 ｜ 23.5 ｜ 24.5 ｜ 2.0

管理職層
1.0 ｜ 23.5 ｜ 36.3 ｜ 34.3 ｜ 4.9

0　　20　　40　　60　　80　　100 （%）

（リクルートマネジメントソリューションズ『昇進・昇格および異動・配置に関する実態調査2016』を元に作成）

▶ 一般職層は職能、管理職層は職能と職務の両要素が最も多く使われています　HINT

Q 職務等級とは何か?

■ アメリカで差別抑止のため広がった 職務等級

日本では職能資格等級が最も普及していますが、その曖昧さによるデメリットを解消するために職務等級を導入する企業も増えてきています。

「職務記述書（ジョブ・ディスクリプション）」に沿って採用は行われ、その職務で支払う賃金も決まっている。定義書に書いてあることはやるが、それ以外は給与に関係ないのでやらない、という人がほとんどである。同じ職務、例えば経理担当をやっている限り、どんなに能力が上がっても給与は変わらない。キャリアアップしたい人は、人事担当や経理課長など、他の職務を目指す。もしくは同じ経理担当であっても厚遇してくれる企業を探すことも良いやり方だ。

現在従事している職務によって等級が決まる職務等級 (図表047)。アメリカでは1964年の新公民権法により、差別リスクが大きくなったことから普及しました。人を差別していると言われるリスクを低くするために、徹底的に仕事しか見ない、人を評価しない仕組みとなったのです。

■ 1. 任せる仕事によって昇格・降格する

職能資格等級との一番の違いは、「昇格」と「昇進」を分ける概念がないことです。職務等級における昇格はシンプルに職務内容の変化に伴って生じます。能力ではなく任せる仕事の内容によって昇格・降格します。

■ 2. 納得感が高い合理的な賃金決定

職務等級のメリットは、職務レベルと賃金レベルが直結しているという合理性の高さにあります。外部の労働市場に合わせた職務ごとの賃金を提示できるため、人材を採用しやすいことも大きなメリットです。

■ 3. 責任範囲の限定

アメリカでは長く職務等級が運用されてきましたが、職務記述書に記載されていない仕事を行わないなど、組織が官僚的になる弊害が指摘されています。

職務を定義することで合理的になりましたが、責任の範囲を決めたからこそ起きる問題が職務等級にはあります。この弊害を解決するために生まれたのが、次のツボ048で紹介する役割等級です。

100のツボ
047

A 現在行っている仕事の価値を基準にした等級

図表047

職務等級の特徴

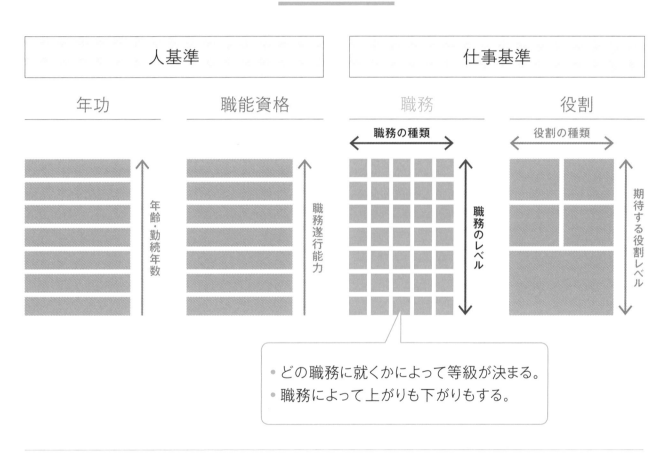

人基準	仕事基準
年功　　　　職能資格	職務　　　　役割

職務の種類

役割の種類

年齢・勤続年数

職務遂行能力

職務のレベル

期待する役割レベル

- どの職務に就くかによって等級が決まる。
- 職務によって上がりも下がりもする。

▶職務等級は、ロジックがシンプルなため明解ですが融通が効きません

HINT

Q 役割等級とは何か?

◤ 自由度高く使い勝手が良い役割等級

役割等級は、職務等級の問題を解決するために生まれました。職務等級で細かく定義された職務の粒のうち、似た属性の粒を大括りにして箱にしたようなイメージです (図表048)。その箱のことを、役割と呼んでいます。例えば、経理課長、総務課長、人事課長といった粒を括って管理系マネジャーという役割を作り、どの役割を担うことを期待されているかによって入る箱が変わるという等級です。主に職務等級との比較から、そのメリットを3つあげます。

◤ 1. 仕事の限定が起きにくい

職務記述書による細かい定義を前提にしていないため「書いていないことはやらない」という弊害は緩和されます。仕事と仕事の隙間にボールが落ちる、いわゆるポテンヒットが少なくなることが期待できます。

◤ 2. 運用コストが低い

精緻な職務記述書を作成し更新し続けるという運用コストは大きく削減できるでしょう。

◤ 3. 柔軟な運用ができる

期待によって役割を変更する、というのは経営からするととても使い勝手が良いと言えます。昇格や異動の理由が「期待している」のみで済むか

らです。そして役割に期待されている幅は広いため、個人からすると自らその役割の意図を見出し、意志を込めることができます。

◤ 試行錯誤中で実体のない役割等級

多くのメリットがあるため、日本でも役割等級を導入する企業が増えてきました。特に同一労働同一賃金を強化する流れから、職能資格から役割への移行を検討することも多いようです。しかし、まだ各社は試行錯誤の段階です。

同じ箱の中での処遇の基準、上下の箱の間での昇格降格、横の箱の間での異動などの基準も各社各様となっています。何よりも、役割等級には職能資格等級における楠田丘『改訂5版 職能資格制度』(産労総合研究所)のようなお手本がありません。自由に設計ができる等級とも言えますが、非常に難度が高いとも言えるのです。

本質的な人材マネジメントの観点を持ち、自社が大事にしている「コンセプト」は何かをはっきりさせ、仕組みに落とし込んでいく必要があります。そして働く人たちに「馴染む」形にしなければなりません。

どうすればそんな自社に適した等級ができるのでしょうか? 次のツボ049で考えていきましょう。

期待される役割を基準にした等級

図表048

役割等級の特徴

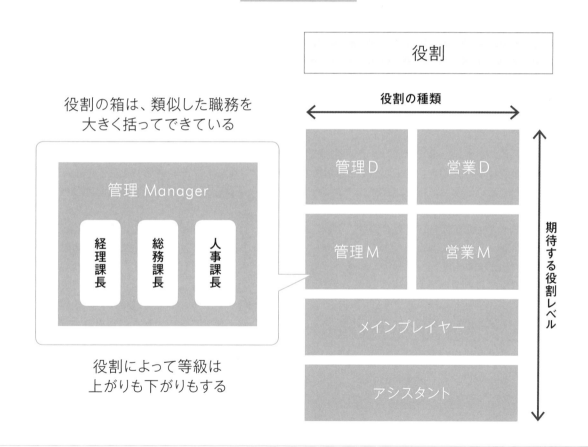

役割

役割の箱は、類似した職務を
大きく括ってできている

役割の種類

管理D	営業D
管理M	営業M
メインプレイヤー	
アシスタント	

期待する役割レベル

管理 Manager

経理課長　総務課長　人事課長

役割によって等級は
上がりも下がりもする

▶ 役割等級を機能させるには、明確な自社のコンセプト、思想が必要です　HINT

Q 自社に適した等級を決めるには？

■人材マネジメントのコンセプトから スタートする

自社に適した等級はどんな形でしょうか？ 等級とは人材マネジメントのコンセプトを具現化したものですので、当然ながらコンセプトによって選択する等級の形は異なります。人を生かして企業のパフォーマンスを最大にするために、何をランキング（序列）するべきなのか。企業のビジョン、ミッション、競争優位性、そのために必要な人材像、必要な人材を巡る労働市場、その人材の特性などによって、コンセプトおよび選択される等級は異なるはずです。例えば大手自動車会社は中長期で囲い込みながら人材を底上げし続けたいので職能資格等級、某外資系コンサル企業は短期で勝てるスキルを持った人材が大量に必要なので職務等級、とそれぞれの選択をしています。年功を選択した未来工業社も、等級で差をつけないことを選択したZOZO社も、100人100通りを謳ったサイボウズ社も、コンセプトが明確でそれを実現する手法の選択には一貫性が感じられます。

■コンセプトを考えるための価値軸

どうやってコンセプトを考えていけば良いのでしょうか。そのヒントは価値軸にありそうです。Works76号「人材マネジメントを視覚化する」は非常に面白い特集でした。12の価値軸から企業を分類しマッピングしています（図表049）。この軸で見ると、自社は今どこに位置づけられているのか、これからどこに行きたいのか、多くの示唆が得られます。私もクライアントと12の価値軸を叩き台に議論することがありますが、役員間で目指したい人材マネジメントの方向が明確になります。価値軸が揃わなければ、指し示すどころか議論のスタート地点に立てません。企業の意志を明確にして「指し示す」ことが等級設計には必要なのです。

■日本で根付くには調和が必要

そして、日本企業が共通して持っている価値観、つまり職能資格等級が普及した理由（ツボ046参照）も前提条件として押さえておく必要があるでしょう。職能資格制度は能力の判定が難しく、ともすれば年功的な運用になる「曖昧さ」という弱みを抱えています。それにもかかわらず日本企業で最も普及した理由は、頑張って能力を上げれば評価されるという希望が持てて、極端な差がつき過ぎず、マネジメントの裁量の余地が多く残されているからです。つまり「調和」が日本では求められてきたのです。

さあここから等級はどうなっていくのでしょうか。次のツボ050で考えていきましょう。

図表049

12の価値軸

価値軸1 仕事のイニシアチブ

| 個人意思尊重 | ⟷ | 組織意思尊重 |

価値軸2 本社人事部の関与

| 部門委任 | ⟷ | 人事積極関与 |

価値軸3 キャリアの方向性

| プロフェッショナル志向 | ⟷ | ゼネラリスト志向 |

価値軸4 給与と評価の相関

| 給与が下がる | ⟷ | 給与は下がらない |

価値軸5 業務設計思想

| 個力を生かす設計 | ⟷ | 役割重視の設計 |

価値軸6 雇用のスタンス

| 経営環境志向 | ⟷ | 安定志向 |

価値軸7 キャリア開発の責任

| 個人にある | ⟷ | 組織にある |

価値軸8 仕事のスタイル

| 結果志向 | ⟷ | 手続き志向 |

価値軸9 社内外を隔てる壁

| 壁が低い | ⟷ | 壁が高い |

価値軸10 人材調達の考え方

| 外部採用志向 | ⟷ | 内部育成志向 |

価値軸11 人事制度の基本思想

| 能力主義 | ⟷ | 職務主義 |

価値軸12 人材の育成思想

| 環境が人を育てる | ⟷ | 教育が人を育てる |

（Works76号 P5 を元に作成）

► 自社の価値観をすりあわせる議論のプロセス自体に大きな意味があります　HINT

Q これからの等級を考えるうえでのポイントは?

これからの日本企業では、等級はどうなっていくのでしょうか。筆者がこれまで50社以上の人事制度をコンサルタントとして構築してきた経験から4つのことを述べたいと思います （図表050）。

■1. 多くの日本企業は「過去の宿題」に直面している

高度経済成長期の多くの日本企業がそうだったように、成長中の企業は職能資格等級にしておけば当面問題は起きません。頑張っている社員を高く遇することができ、次々にポストが変わる組織の柔軟性にも対応できます。しかしこれはある問題を先送りしているのです。「年齢は高く給与も高いが、役職がなく専門性も低い層」への対応。これまで私が受けた依頼のうち一番多かったのはこれでした。企業の成長が踊り場になった時に、年功的運用の中で曖昧に滞留させた彼らをどう扱うべきか。過去の宿題に多くの企業が直面しているのです。

■2. 企業には「説明がつく」形が求められる

企業には説明責任があります。等級において説明がつく形を求めると合理的な職務等級を志向したくなるのは当然の流れでしょう。しかし職務等級には責任範囲が限定される、日本企業に馴染みにくいという困難さが付きまといます。結果、多くの企業が役割等級を選択します。期待役割は枠

組みを説明しやすく、箱の中はある程度の曖昧さが残せるからです。しかしそこに一貫した思想がなければ、曖昧さが未来に宿題を残していくことになります。

■3. 説明ではなく「指し示す」ことが必要

必要なのは、宿題をこなすためではなく、説明するためでもなく、どんな価値観をもとに、どんなコンセプトで人材マネジメントを行うつもりかを「指し示す」姿勢ではないでしょうか。日本の文化という土地に根ざした上で、企業のミッションという目的地に続く「階段」、これが企業にとって理想の等級です。

■4. 働く人が自らの意志で登れる「どこに続いているか見える階段」

働く個人の視点では「何の階段（等級）を登っていくか」を自覚的に選ぶべきです。正解かどうかではなく、自ら決定する「意志」が重要です。それは自分の人生を自分で選択するキャリア開発、そして自立したプロフェッショナルの考え方です（ツボ097参照）。個人がその選択をできるようにするためにも、企業は仕組みをオープンにして、コンセプトがはっきりと伝わる等級、つまり「どこに続いているか見える階段」を作ることが求められる。私はそう考えます。

100のツボ **050**

図表050

これからの等級

企業

1 **過去の宿題**
年功的運用で滞留した層への対応が必要

2 **求められる説明**
合理的に説明したいが詳細な定義にはデメリットも

3 **指し示す**

企業のミッションという目的地へ向かう「階段」そのコンセプト・思想を示す

ミッション
★

等級

企業の価値観
「調和」を大切にする日本の風土

働く人

4 **自覚的な選択**
目的に向けて自らの意志で選択して登る

▶ 働く人が自分の意志で登りたくなる階段(等級)を設計していきましょう　HINT

Chapter 5.

4 社の実例

この「4社の実例」では、実際の企業がどのように人材マネジメントを実践しているのかを紹介します。4タイプの企業の「等級」の特徴を取り上げました。

実例1. サイボウズ社
「市場価値（≒職務）」

ベンチャー中小・流動排出タイプのサイボウズ社では、自社内で等級は設置されておらず、市場価値にてその給与が決定されます。各職務によって市場で取引されている給与は異なるため、職務等級に近い形となります。

職務遂行能力や入社年次などによらず、市場の状況によって価値は変動します。同じ職務であっても、市場での相場によって上がりも下がりもするため、基本的に積み上がることはありません。

実例2. アカツキ社
「貢献価値（≒職能資格）」

ベンチャー中小・長期育成タイプのアカツキ社では、「貢献価値」によってカラフルステージと呼ばれる等級が決定されます。形式としては職能資格等級に近く、基本的に大きく下がることはありません。

等級はREDやBLUEなど色で表されます。貢献

のステージが異なるだけで「偉い」わけではないことを示しています。

貢献価値は「自立」「オリジナリティ」「チームの力」の3軸で定義されています。一般的な職能は要件をすべて満たさないと昇格しませんが、アカツキではタレントドリブンという思想のもと、3つのうちどれかの軸が特化した凸凹の人材を優遇しています。

実例3. リクルート社
「ミッション（≒役割）」

グローバル大手・流動排出タイプのリクルート社では、その半期のミッションによって等級が決定されます。役割等級に近い形ですが、変動は大きく、ミッションによって上がりも下がりもします。基本的に積み上がることはありません。

実例4. トヨタ社
「職能資格」

グローバル大手・長期育成タイプのトヨタ社では、典型的な職能資格制度が実施されています。年功色は制度改定ごとに薄れていますが、基本的に積み上げであることは変わらず、大きく下がることはありません。純日本的な職能を世界中のトヨタへスタンダードとしてグローバル展開してお

り、日本型経営の普及企業とも言えます。

　流動排出タイプの2社は職務・役割など積み上がりではなく市場価値やミッションによって変動する等級、長期育成タイプの2社は職能資格型の長期で積み上げる等級が採用されています。

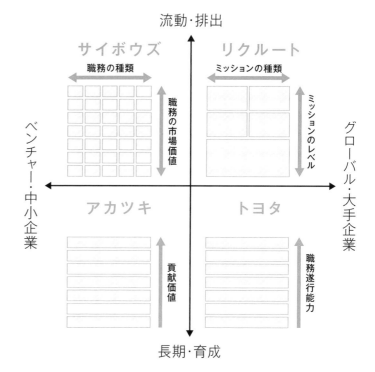

まとめ

　Chapter5.のまとめとしてツボ041〜050のQ＆Aを一覧としています（右表）。
　また、人事担当者、管理職（マネジャー）、経営者、人材・人事業界の方それぞれに向けてこの「等級」でお伝えしたいメッセージを記載しています。

人事担当者の方へ

　等級は人材マネジメントの骨格です。自社はどんなコンセプトをもとに人材マネジメントを行っているのか、そしてそれは一貫しているのか。各人事施策との連動や相乗効果も考える基準としてください。また、等級自体を改善することも人事の仕事です。自社が「人を生かして事を成す」ために、基準自体を磨いていきましょう。

管理職（マネジャー）の方へ

　マネジャーにとって等級はメンバーを育成する基準です。この定義に沿って成長することでメンバーの処遇が上がっていきます。「全てのメンバーが能力を発揮して貢献できる環境を創造する」ために、等級を有効活用していきましょう。また等級定義に沿わなければどんなに頑張ってもメンバーの処遇は上がらないということでもあります。現場の実態と等級がずれている場合は、人事や経営にアラートを上げる必要があります。

経営者の方へ

　経営者にとって、等級は自社の人材マネジメントのコンセプトを具体化したものです。なぜその基準でマネジメントしていくべきなのか、ビジョン・ミッション・戦略に紐付けて指し示していきましょう。

人材・人事業界の方へ

　人材紹介や人事コンサルタントなどの人事業界の方は、ぜひ顧客企業の等級定義を見せてもらいましょう。採用要件だけではわからなかった、その企業の中長期で目指す人・組織の形が見えてくるはずです。

　次のChapter6.では、人材マネジメントの入り口、採用（リソースフロー）について学びます。

100の ツボ	Q	A
041	等級とは何か？	人をランキング（序列）するもの。人材マネジメントの骨格
042	なぜ等級が必要なのか？	企業の基準を明確にすることで、人材マネジメントに一貫性を持たせるため
043	等級にはどのような種類があるか？	大きく2種類。「人」基準と「仕事」基準の等級がある
044	年功とは何か？	年齢や入社年次を基準にした等級。生活をできる限り保障する
045	職能資格等級とは何か？	職務を遂行する能力を基準にした等級。日本でもっとも普及している
046	日本企業にはなぜ職能資格等級が多いのか？	日本人が大切にする「調和」を感じやすい等級だから
047	職務等級とは何か？	現在行っている仕事の価値を基準にした等級
048	役割等級とは何か？	期待される役割を基準にした等級
049	自社に適した等級を決めるには？	どんな思想をもとに人材マネジメントを行うかを検討し、それの価値軸を具体化して「指し示す」
050	これからの等級を考えるうえでのポイントは？	オープンで「どこに続いているか見える階段」が求められる

「調和」の好きな日本人。その特徴を示す面白い話があります。

心理学者の河合隼雄が『ユング心理学と仏教』（2010/1/16、岩波書店）の中で書いた、日本人とアメリカ人のスピーチの違いです。アメリカ人はスピーチをジョークからはじめますが、日本人はスピーチを「高いところから、失礼いたします」と弁解からはじめるというのです。

日本人は何かで集まると、ある種の一体感を共有します。その中で誰かがスピーカーになると、その人は他の人々から区別されることについて弁解しなければなりません。誰であれ、他の人から離れてひとり立ちしてはならないのです。しかし西洋では、一堂に会していたとしても、それぞれが他とは異なる個人であることが前提です。従って何かジョークを言って笑いを共有することで一体感を得る必要があります。（河合隼雄『ユング心理学と仏教』p15）

この違いが生まれるのは日本人と西洋人の「自我」意識の差です。西洋人はまず初めに他と分離した「自我」を確立し、その後に他との「関係」を作ろうとします。一方日本人はまず「関係」を確立し、その関係をもとに他と分離して「自我」となるのです。このような日本人の自我意識は、本人が自覚しているかいないかにかかわらず、仏教に大きく影響されている、と河合隼雄は言います。

「自我」は存在せず「関係」のみが存在するという認識を仏教では「縁起」と呼ぶそうです。これが「調和」の正体かもしれません。この日本人の自我意識が、全員一律の基準で調和を保つ職能資格等級（ツボ045参照）と、会社に一体として溶け込むポスト可変契約（ツボ009参照）を日本企業のスタンダードにしたのではないか。私はそう睨んでいます。

採用

Chapter 6.

リソースフロー

Q リソースフローとは何か?

■組織パフォーマンスを最大にするための リソースフロー

リソースフローとは、採用（入社）から異動、代謝（退職）まで、企業における人材の流れです（図表051）。人材マネジメントの目的は「人を生かすことで、短期・長期の組織パフォーマンスを最大化すること」でした（ツボ004参照）。組織パフォーマンスを最大化するためには、どんな人が入社して、どんな場所で活躍して、どう成長して、どうやって退職していくと最適なのか。それをこのリソースフローでは考えることになります。

■人員計画とPDSサイクル

リソースフローは人員計画からスタートします。どのような人材がどれだけ必要か（需要）、そしてどれだけの人材を用意することができるのか（供給）を予測して、計画（Plan）を立てるのです。そして実行し（Do）、見直し（See）、また計画に反映するPDSサイクルを回していきます。その中では、人材が足りない（需要＞供給）、人材が余る（需要＜供給）という事態が常に起き、次のような対応が迫られることになります。

人材が足りない時は「採用を促進する」「既存の人材を育成する」「仕事量を減らす」、人材が余っている時は「退職を促進する」「定着を抑制する」「仕事量を増やす」。

■HumanをResourceとして Managementする難しさ

理屈ではそのとおりでしょう。しかし、これは機械の導入や廃棄の話ではなく、扱っているのは生きている「人間」なのです。そんな簡単に言われては堪らない、と多くの方は感じるのではないでしょうか。ここに人材マネジメントの難しさがあります。働く人は、どのようにして企業のリソースフローという波に乗れば良いのでしょうか。企業は、働く人をリソースではなく「人間」として扱うために、どうあれば良いのでしょうか。このChapter 6「採用」とChapter 7「異動・代謝」ではその大きな問いに向き合いたいと思います。

ツボ052・053では、人員計画について考えていきましょう。

図表051

リソースフロー（採用・異動・代謝）

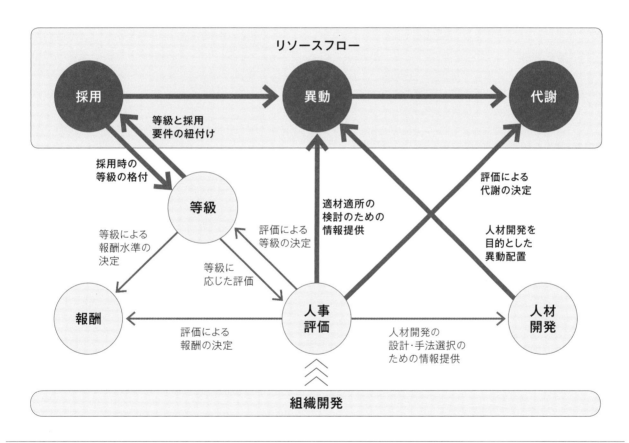

▶採用と異動だけでなく代謝、つまり退職までを考えるのがリソースフローです　HINT

Q 理想の人員構成の考え方とは？

人員計画は、戦略的に組織成果をあげるための理想の人員構成を考えるところから始まります。その構成を考える方法として「人材ポートフォリオ」があります。

■ 人材ポートフォリオ

ポートフォリオとは直訳では書類ケースのことで「状況に応じて最適に内容を差し替えることができる入れ物」を意味しています。近年の日本では、雇用形態や働き方は多様になっています。そして戦略達成に必要な貢献も一律ではありません。様々な人材のタイプと彼らの貢献を「差し替えて」全体最適となる構成を考えるために、人材ポートフォリオが活用されているのです。

■ 人材タイプの分類

人材ポートフォリオでは組織への「貢献の仕方」によって人材を複数のグループに分類します。この分類する軸を何にするかは、人材マネジメントの一貫性（ツボ007参照）を実現する上で極めて重要です。人材を判断する基準である等級（Chapter 5）と連動して設計します。組織によってその分類方法は異なりますが、ここでは汎用的な例を紹介しましょう（図表052）。組織の単位は企業全体または事業ごとです。

横軸の「創造」は、新しいビジネスモデルや戦略上重要な商品や技術を考え生み出すことで貢献する人材です。対して「運用」は、既存の仕組みを効率的に維持・運用することで貢献する人材です。

縦軸の「組織成果の最大化」は、組織目標（売上・利益・イノベーションなど）を達成することで貢献する人材です。対して「個人成果の最大化」は、個人の出すアウトプットで貢献する人材です。

この2軸の組み合わせで「エグゼクティブ」「マネジャー」「スペシャリスト」「オペレーター」の4タイプに分かれています。

この人材タイプごとに、何人・何%必要なのか、理想の人員構成を検討することになります。そして構成が決まったら、そこを目指して現状とのギャップを埋めるための人員計画を立てます。

次のツボ053では人員計画について確認しましょう。

図表052

人材ポートフォリオの例

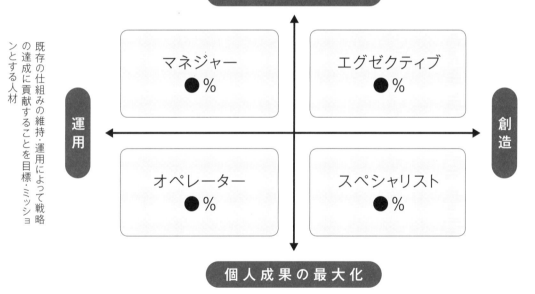

組織の経営（人材）資源を統合し、組織成果を
極大化することを目標・ミッションとする人材

組織成果の最大化

運用

既存の仕組みの維持・運用によって戦略の達成に貢献することを目標・ミッションとする人材

| マネジャー ●% | エグゼクティブ ●% |
| オペレーター ●% | スペシャリスト ●% |

創造

新たな事業・商品を創造し、未来価値（利益）を探索・生み出すことを目標・ミッションとする人材

個人成果の最大化

技能・技術などのスキルの発揮により個人成果
を極大化することを目標・ミッションとする人材

（Works40号『戦略的HRMを生み出す「人材ポートフォリオ」』を元に作成）

▶戦略を達成するために必要な人材によって分類軸は変わります　*HINT*

■人員計画

　人員計画を作成するにあたり、まず理想の人員構成（ツボ052参照）を既存社員に照らし、そのギャップを把握します。そしてそれを埋めるために、「採用」によってどれだけ増員する（できる）のか、「異動（昇進や職種転換などを含む）」による内部での推移はどれくらいあるのか、「代謝（退職）」はどれくらいあるか（促進するか）を、予測して作成します。

　図表053は、人員構成をマネジメント（管理職）層とプレイヤー（一般社員）層の2つの人材タイプに分けて考えた例です。

　典型的な日系大手企業は新卒採用と内部昇進を重視して、中途採用はほとんど行わず、退職率は低く会社に長期で貢献してくれることが前提（ツボ009参照）で人員計画を立てます。一方で欧米企業はマネジメント層には内部昇進よりも即戦力採用が重視され、一定の退職率も見込んで人員計画を立てます。あなたの会社はどのような形になるでしょうか。

■採用人数

　採用人数は、理論的には人員計画によって計画値が決まります。しかし実態としては、現場から「人が足りない」「人が欲しい」という要望が人事に上がってきます。この声を積み上げていくと実現不可能な数値に膨らんでしまうため、最終的には「経営判断」で確定する企業が多いようです。

　人員計画から採用にかけて曽和利光『人事と採用のセオリー』が参考になります。曽和利光は、採用に特化したリクルート社で積み重ねられてきた原理原則を身につけ、それを各社に展開して人事・採用を立ち上げてきた人物で、当書は日本で最も「実践的な採用」を体系的に学ぶことができる一冊だと思います。

　次のツボ054では、採用のプロセスとそのポイントを見ていきます。

図表053

リソースフロー設計

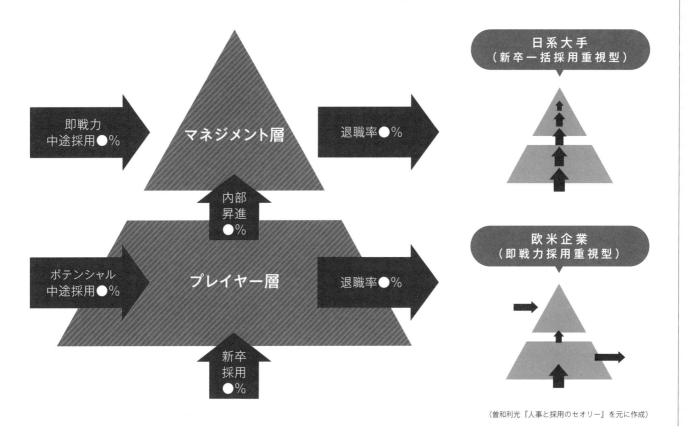

（曽和利光『人事と採用のセオリー』を元に作成）

▶人員計画が、採用・異動・代謝それぞれの計画に反映されていきます　HINT

採用はリソースフローの入り口。組織能力を規定し、企業の競争力を左右する重要な領域です。優秀な人材を採用できなければ、異動や育成や評価や報酬でどんなに工夫しても、それは徒労に終わってしまいます。

■採用プロセス

採用は、一般的に「採用要件の設定」「母集団の形成」「選考（適性検査・面接）」「内定・入社」のプロセスからなり、採用チームが現場を巻き込みながら進めていきます （**図表054**）。

■採用担当者と採用チーム

採用を実行する採用担当者は、応募者が初めに接点を持つことになる、その組織の「顔」です。一体感のある組織作りで有名な海兵隊では、応募者が「こういう人になりたい」と思える優秀な人材を採用担当者に任命する文化があるそうです。また曽和利光『人事と採用のセオリー』は、こう警鐘を鳴らしています。

> 採用担当者や人事担当者は、心根が優しく、受容性の高いタイプが多くなります。そして人間は自分と同じタイプを高く評価するために、受容性の高いタイプばかりを採用してしまいがちです。実際、採用担当者のタイプの偏りによって、多くの企業で構成員が同質化しています。

採用担当者は現場を巻き込みながら、多様な能力や性格を持った人材による採用チームを構成する必要があるのです。最適な採用チームは、企業全体像の「人材ポートフォリオ（ツボ052参照）」の雛形であるべきと言われています。

■現場の巻き込み

採用を人事部門のみで行ってはいけません。採用チームの多様性を担保するためにも、実際に応募者が働くことになる現場を巻き込み、採用プロセスに主体的に関わってもらうことが大切です。近年では業務の専門化とスピード重視の観点から、採用権限を現場に移譲していくことが増えています。例えば中途採用については現場で実施し人事部門は一切関わらないという企業も少なくありません。

また、組織をあげて人材獲得に取り組む採用プロセスは、組織活性化のまたとない機会です（ツボ087参照）。自組織の目的のために必要な人材を考え、組織の良さを自ら応募者に繰り返し語り、魅力づけして入社してもらうことに苦心する中で、現場の一人ひとりの主体性が発揮され、組織は活発になっていきます。

次のツボ055は、採用プロセスの1つ目「採用要件の設定」について確認します。

100 の ツ ボ
054

現場を巻き込んで採用チームを結成すること

図表054
採用プロセス

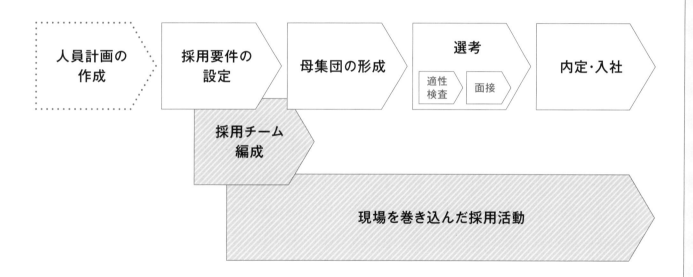

▶採用は人事部門ではなく、全社で行う仕事という風土を作っていきましょう　HINT

Q 採用要件はどのように設定するべきか？

■ 採用要件の設定

採用要件は、人材ポートフォリオ（ツボ052参照）で設定した人材タイプと人員計画（ツボ053参照）で決定した採用人数を元に、以下の3ステップで設定します（**図表055**）。

■ 1．要件を洗い出す

採用要件を洗い出すアプローチは大きく2つあります。

1つ目の「演繹的アプローチ」では、事業や組織を分析して、この先必要な要件を推定します。主に事業環境が激変している時に選択する「理想的モデル」の作り方です。2つ目の「帰納的アプローチ」では、実際に成果を上げているハイパフォーマーにインタビューなどを行い、要件を抽出します。主に事業環境が安定している時に選択する「現実的モデル」の作り方です。ただし、片方のアプローチだけでは極端な要件になる可能性があります。どちらを選択するとしても、もう片方のアプローチからのギャップを見てバランスを考える必要があります。

■ 2．優先順位をつけて絞り込む

洗い出した抽象的な要件に優先順位をつけて絞り込みます。

全てを兼ね備えた完璧な人間は存在しません。譲れない要件はどこなのか、企業は明確な意志を

持っておく必要があります。

スキル（顕在）：即戦力のことです。主に中途採用で重視されます。

スキル（潜在）：性格特性・基礎能力（ツボ057参照）などを含め、自社の環境で成長する可能性（ポテンシャル）のことです。主に新卒採用で重視されます。

価値観：企業のミッション・ビジョン・バリュー（ツボ084参照）に共感できるかどうかです。企業がビジョン実現に向けて全力で向かっていくためにも、そして社員が組織に適応するためにも、とても重要な要件です。

■ 3．求める人材像を設定する

採用チームと現場の面接担当者でイメージをすり合わせ、具体的でみずみずしい人物像（ペルソナ）を設定します。完成した人物像自体よりも、その検討プロセスにおいてイメージをすり合わせることに大きな意義があります。

次のツボ056では、求める人物像の候補の集め方、求人（母集団の形成）方法について確認します。

A 要件を洗い出し、優先順位をつけて絞り込み、
「求める人材像」として設定する

図表055
採用要件の設定

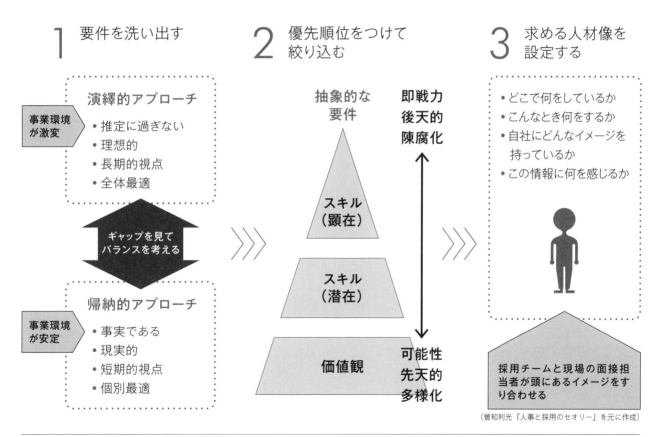

1 要件を洗い出す

演繹的アプローチ
- 推定に過ぎない
- 理想的
- 長期的視点
- 全体最適

事業環境が激変

ギャップを見て
バランスを考える

帰納的アプローチ
- 事実である
- 現実的
- 短期的視点
- 個別最適

事業環境が安定

2 優先順位をつけて
絞り込む

抽象的な
要件

即戦力
後天的
陳腐化

スキル
（顕在）

スキル
（潜在）

価値観

可能性
先天的
多様化

3 求める人材像を
設定する

- どこで何をしているか
- こんなとき何をするか
- 自社にどんなイメージを
  持っているか
- この情報に何を感じるか

採用チームと現場の面接担
当者が頭にあるイメージをす
り合わせる

（曽和利光『人事と採用のセオリー』を元に作成）

▶ スキルは後から育成することができますが、価値観はなかなか変わりません　HINT

100のツボ
056

求人方法には、メディア・エージェント・リファラル・スカウトがあります。それぞれのメリットとデメリットを確認し、最適な組み合せを検討しましょう。

■メディア

リクナビなどの求人メディア・自社採用サイト・採用イベント・SNS・交通広告・DMなどを使用した方法です。メリットは全国の幅広い層に求人告知ができること、デメリットは応募者とのやり取りや面接日程調整などの対応に採用チームの工数がかかることです。ターゲット人材にどうやって出会うか（リーチできるか）がポイントとなります。

■エージェント

人材紹介会社を利用する方法です。メリットは採用要件を満たした母集団から選考が開始できること、採用チームの工数をおさえられること。デメリットはコストが高いことです。売り手市場であれば、人材紹介会社優位となるため、どうやって彼らに協力してもらうかがポイントとなります。

■リファラル

社員から人材を紹介してもらう方法です。メリットは選考通過率と定着率が高いこと、企業の価値観に合った人材を集めやすいこと、市場に出てこない人材と接点を持てること、コストがおさえられること。また社内のエンゲージメント向上と離職防止という効果も見込めます。デメリットはうまくいかなかった場合に紹介者と被紹介者、紹介者と企業との関係性が悪化することです。ポイントはリファラル採用が活性化する仕組みですが、一番大切なのはその企業のミッション・ビジョン・バリューに共感し、働きがいを持っており「友人や知り合いに勧めたい」と思える社員が存在していることです（ツボ033参照）。

■スカウト

ビズリーチなどの求職者データベースを利用して、直接求職者をスカウトする方法です。メリットは採用要件を満たした人材にアプローチできること、コストをおさえられることです。デメリットは一定以上の採用知識が必要になること、他社の動きが見えないためノウハウを学習し難いこと、候補者一人ひとりに合わせたメッセージを作成するため定型化・効率化が難しいことです。

求人方法の成功ポイントを青田努『採用に強い会社は何をしているか』から**図表056**にまとめています。

次のツボ057では、選考で使用する適性検査の使い方について確認します。

A メディア・エージェント・リファラル・スカウトの4種類

図表056

求人方法成功のポイント

メディア	エージェント	リファラル	スカウト
ターゲット人材と出会うためのポイント	エージェントの協力を得るためのポイント	より多く紹介してもらうためのポイント	スカウトメールで押さえるべきポイント

メディア

Attention 届けるべき人に届ける
1. チャネル
2. 振り向かせやすさ
3. 拡散しやすさ

Attract 惹きつける
4. ベネフィット
5. エビデンス
6. 差別化

Apply 応募しやすくする
7. 不安払拭
8. ウェルカム感
9. 負荷調整

エージェント

クロージングしやすさ
1. 適切な採用ハードル
2. ターゲットのベネフィット
3. 口説き資料

スピード
4. 選考結果連絡
5. 面接設定の柔軟性
6. 候補者からの問い合わせ

リトライ
7. 改善のヒントをもらう
8. 継続的な情報提供
9. エージェントミーティング

その他
10. 紹介料率
11. エージェントへの感謝

リファラル

協力してくれる社員を増やす／社員一人あたりの紹介数を増やす
1. 紹介制度を周知徹底する
2. 定期的にリマインドする
3. 紹介インセンティブを強化する
4. 活動しやすくする
5. 魅力を伝わりやすくする
6. 紹介する側の安心感を高める

合格率・応募率を高める
7. 求人案件への理解を深める

スカウト

個別スカウト
1. 個別感
2. 見てくれている感
3. 期待する理由

一斉スカウト
4. 温度感
5. 事実・データ

（青田努『採用に強い会社は何をしているか』を元に作成）

▶求める人材と自社のリソースから適切な方法を選んで母集団を形成しましょう　*HINT*

149

100のツボ
057

■総合的な深い人物理解

テストで「能力」や「性格」を測定し企業への適性を判断する「適性検査」は、現代では採用選考において一般的に使われています（図表057）。日本で最も使用されている適性検査「SPI」は、リクルート社の大沢武志が1960～70年代に開発しました。『心理学的経営』（Column 04参照）によれば、適性検査は採用選考において「主観的な理解」に偏りがちな人物評価に、より客観的なデータをプラスすることで「総合的な深い人物理解」に近づくために用いるべきものです。

パーソナリティ・テストのデータをもとに、社員適性としての評価に結びつけて、序列をつけたり、職務適性判定の情報に読みかえることは実際には難しい。対象職務を厳密に分析・定義し、職務要件を明確に定めた上で、職務成功度とテストデータとの関連を裏付ける妥当性の保証がない限り、適性判定にはなじまないというのが、筆者のこれまでの人事テストのなかでの経験からの結論と言わざるを得ない。（同書より）

ここを読んで驚かれる方も多いのではないでしょうか。適性検査の第一人者は、その結果を職務の適性判定に読み換えることは難しい、と結論づけているのです。そして企業側の利益のみを考え「本人には開示せず、特定の有害な徴候を発見して排除する」ような利用は間違っている、あくまでも本人の「個性の発揮」を助けて尊重するため

に利用すべきだと強く戒めています。

■限界を正しく認識した上で活用する

適性検査を採用選考で利用する際には、読み取り・解釈に精通した人が読み取ること、人物理解をより深めるためのデータとして活用することが求められます。適性検査は安易な結論に飛びつかずに、個を生かすために、よりよく「見る」ために使え、私は同書の主張をそう解釈しています。

HRテックが流行している中で、適性検査などの人事データは、今、正しく扱われているのでしょうか。妥当性の検証を踏まえたデータは、企業の意思決定をサポートするものとして非常に有効です。しかし、それは生身の「人間」の、ある時点の一部分のみを切り取ったものです。不確実性の伴う人事の意志決定において、適性検査のデータが経営者や人事の怠慢、責任逃れの道具にはならないようにしたいものです。

以前、適性検査を販売している企業の営業の方に、この内容をレクチャーしたことがありますが、その方は驚き「ここで決してやってはならない、と言われたことばかり、我々はやってしまっています」と青ざめておっしゃっていました。

次のツボ058では面接について考えます。適性検査や職務経歴書などの情報を総合し、最終的な判断を下すことが人間による面接の意義です。

A 検査の限界を認識したうえで、総合的な深い人物理解のために活用する

図表057

適性検査SPIで測るもの

能力検査

働く上で必要な基礎的な能力を測る
- **言語分野**：言葉の意味や話の要旨を的確にとらえて理解できる力を測る
- **非言語分野**：数的な処理や論理的思考力を測る

性格検査

日ごろの行動や考え方などについての多角的な質問から、その人がどんな人なのか、どのような仕事や組織に向いていそうかなど、人となりを把握する

（リクナビ『就活準備ガイド』を元に作成）

▶ 人間をわかったつもりになるのではなく、よく「見る」ために使いましょう　*HINT*

Q 面接を行ううえでのポイントは？

■一度に全てを見極めようとしないこと

面接においては、一回で全てを見極めようとしないことが重要です。選考段階によって見る要素を絞ります（図表058左）。熟練の面接担当者でも一回で様々な要素を見ることは困難なのです。

例えば選考初期には「基礎能力」のみを確認します。質問の意図を踏まえて、回答できるか、わかりやすく的確に答えられるか、違和感のない自然なやりとりができるか、といったコミュニケーション力や論理的思考力と呼ばれる力です。回答する内容自体ではなく、受け答えのみを見ます。

選考中期には「パーソナリティ」を確認します。すでに基礎能力は高い候補者のみになっているため、深い質問の的確なやりとりが可能です。会話の内容から「採用要件」との合致度を見ます。マネジャーや人事など慣れている人が面接を担当します。この段階では、判断に迷ったら次の選考に積極的に上げていきます。

■最終選考は意思決定の瞬間

最終選考は自社に入ってもらうかどうかの「意志決定」を行う重要な瞬間です。この時点で基礎能力がありパーソナリティも採用要件に適っている候補者のみが残っているため、自社の誰かや他の候補者と比較して、相対的に合うか・合わないか（自社で活躍しそうかどうか）を判断します。

面接者の頭の中にある人物データが重要になるため、経験豊富で、最終決定をできる人が面接を担当する必要があります。

この時点で判断に迷うのならば採用してはいけません。面接で全てを見通すことは不可能で、必ず不確実性を伴います。最終選考は「覚悟」を必要とする経営の意志決定の瞬間なのです。

■深掘りすべきは過去のエピソード

面接では候補者思考特性・行動特性を探るために「過去のエピソード」を「具体的に深掘り」します。自由に話をしてもらうと「自己PR」と「志望動機」ばかりになってしまいますが、抽象的で主観的な話をいくら聞いても候補者の特性はわかりません。より客観的で具体的な過去のエピソードを聞く必要があります。候補者の解釈ではなく事実そのものを丁寧に確認していきましょう。また候補者が話したいことではなく、採用要件に合致した行動特性がわかるエピソードを選択しましょう（図表058右）。

次のツボ059では採用した人が活躍するための条件を考えます。

A 選考段階ごとに見る要素を絞り、過去のエピソードを深掘りして、採用要件にマッチしているかを判断する

図表058

面接のポイント

選考段階ごとに見る要素

選考の段階で見る要素を限定する。
大切なのは「他の要素を見ないこと」。

初期	「基礎能力」を見る ・質問の意図をきちんと理解しているか、わかりやすく的確に答えられるか ・グループ面接など →粗く判断しても3〜5割に絞れる →迷ったら次の選考にあげる

中間	「パーソナリティ」を見る ・会話の中身で合致度を判断する ・マネジャーや人事など慣れている人が面接を担当 →粗く判断しても3〜5割に絞れる →迷ったら次の選考にあげる

最終	「相対感」を見る ・自社の誰かや他の候補者と相対比較して判断する ・頭に人物データを多く持つ経験者が面接を担当 →この時点で迷う人物は採用しない

深掘りすべきエピソード

行動特性がわかりやすい「過去のエピソード」を具体的にインタビューする。

○ わかりやすいエピソード 例:営業職の行動特性 ・人と関わり頑張ったこと ・苦労した話 ・嫌なことを楽しんだこと ・長期間にわたる出来事	✕ わかりにくいエピソード 例:営業職の行動特性 ・一人で頑張ったこと ・順風満帆な話 ・好きなこと ・短期間での出来事

役割	エピソードの舞台環境・候補者の役割 ・企画者、主催者、チームリーダー、裏方… ・具体的に何を担当したのか(全体の企画、出演者の交渉、行政や会場との交渉、宣伝、集客、会場整備…) ・組織全体はどのような風土・文化であり、どのように運営されていたか　など
程度	難易度や希少性(できるだけ数字に落とす) ・動員数・出演者数・スタッフ数・準備期間 ・予算とその獲得方法・収益環境・会場規模　など
動機	モチベーション・リソース(やる気の源泉) ・音楽が好きだった、将来の仕事に繋がりそうだった ・そのイベントが好きだった、その組織が好きだった　など

(曽和利光『人事と採用のセオリー』を元に作成)

▶選考段階ごとに何を「見る」のか決めておく必要があります　HINT

Q 採用した人に活躍してもらうため 企業は何をするべきか？

100のツボ
059

■嘘をつかないで、企業の良いところも悪いところも伝える

求人募集時点で、そして選考の途中で、マイナス面の情報を「嘘をつかない」で候補者に提供すると、採用した社員の定着率や仕事や会社に対する満足度が高くなり、適応しやすくなります。会社や仕事に関するマイナス情報をどんなトーンで候補者に開示すればいいのか、判断に悩むところかもしれません。つい飾って良いことだけを伝えたくなります。しかし採用で一番大切なのは「あう」か「あわない」か。そこをお互いに判断するためには「良いところも悪いところもそのまま伝える」情報開示が必要なのです。

■見守り、組織適応を促す

新卒社員が入社した後のことは、新人研修をはじめ各社で考えて実施されていることが多いのですが、中途入社者には手をかけていないように見えます。その結果、能力の高い中途入社者が職場に馴染めず孤立してしまう。悲しいですがよくある光景です。

まだ職場に馴染む（組織適応する）ことができていないのに、いきなり仕事で成果を出して活躍する（仕事適応する）ことはできません。即戦力という幻想が中途入社者を苦しめています（図表059左）。組織適応するためには、明示された「価値観」を体感し、それをつながりの中で共有でき

ることが必要です（図表059右）。まずは「つながり」を感じることが重要です。アカツキ社では中途入社の方に対してSKD面談を行っています。「最（S）近（K）どう（D）ですか？」の略です。「見守ってくれる人」がいる。それ自体が中途入社者の力になるのです。

■小さな成功による仕事適応の実感

そして「新たな組織で成果を出せた」と思うことが、入社者の自信につながり、仕事適応を実感する瞬間です。『RMS Message 39「適応」のメカニズムを探る』によれば、転職者が仕事適応を実感するまでに平均「転職後2年間」かかっています。多くの企業の試用期間は半年間ですので、仕事適応までの時間をどうにかして早めなければなりません。

元Google社のエンジニアリングマネージャー及川卓也氏に新任エンジニアの適応施策を伺ったところ、社内のエンジニアが3週間で達成できるレベルのプロジェクトを渡して、3ヶ月で実施してもらうとのことでした。その時にマネジャーや周囲が必ず達成できるように支えるのだと。

小さくても象徴的な成功体験を、期限を決めて周囲が支えながら作る、これが適応のポイントのようです。

次のツボ060ではこれからの採用を考えます。

図表059

仕事適応と組織適応

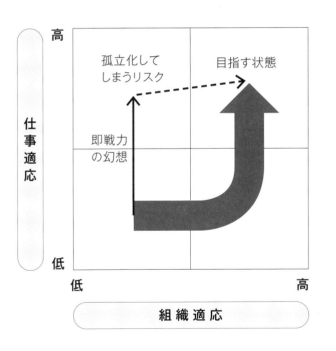

象徴的な人や場所、
言葉により価値観を明示する

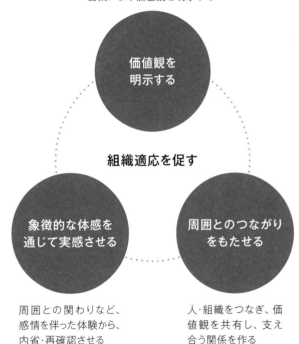

組織適応を促す

**価値観を
明示する**

**象徴的な体感を
通じて実感させる**

**周囲とのつながり
をもたせる**

周囲との関わりなど、
感情を伴った体験から、
内省・再確認させる

人・組織をつなぎ、価
値観を共有し、支え
合う関係を作る

（IT Management Journey vol.2『採用した人材が活躍するための「採用」「配属」「適応支援」とは？』を元に作成）

▶本人も周囲も「成果を上げた」と感じられる小さな成功体験が適応の鍵です　HINT

Q これからの採用を考えるうえでのポイントは?

100のツボ
060

■マッチング精度が上昇し、オープンで健全な方向へ採用は進む

採用手法は日々進化しています (図表060)。その人にあった企業は見つけやすくなり、企業が求める人材に出会う機会も増加し、これまでよりもマッチングの精度は上がっていくでしょう。

また SNS などの浸透によって企業の実態が見えるようになってきました。隠そうとするよりも、オープンかつ正直に伝える方が結果として良い状況が生まれる事態になりつつあります。

新しい手法や常識をキャッチアップすることは、企業にとって大変かもしれませんが、採用という個人と組織の出会いは、より健全な方向へ進んでいくように思います。

■企業の垣根が低くなる

日本では労働人口は減少し続けており、多様な働き方がますます求められてくるはずです。リモートワーク、真の意味での裁量労働、複業などが促進されていく中で企業は働く人を自社に拘束できなくなり、垣根は低くならざるを得ません。

働く人も「この会社に入社すれば一生安泰だ」とは言えなくなります。これまで日本企業は「会社員人生をその一社で終える」ポスト可変契約 (ツボ009参照) での「採用」でしたが、その前提は変わってくるでしょう。

■「人を集める」のではなく「人が集まる」採用へ

このような状況の中で、採用だけではなく企業という箱の形自体が問われています。アクセンチュア社の江川昌史社長は、これからの個人と企業の関係をこう捉えています。

従業員と企業の関係性が今後は根本的に変わるという認識をもつ必要があります。すなわち、これまでの「企業は自社のミッションを達成するために必要な人材を雇用する」というモデルは、「企業は働き手が自分自身のキャリア・ビジョンを達成しうる場か否かという観点で選別される」というモデルへ抜本的な転換を余儀なくされるということです。(江川昌史『アクセンチュア流 生産性を高める「働き方改革」』)

採用手法によって「人を集める」のではなく、その企業自体に魅力があり「人が集まる」状態が必要になっていく、私はそう考えています。

A 個人と企業のマッチングは健全な方向へ進み、企業自体に魅力があるかどうか問われるようになる

図表060
採用手法の多様化

1960年代	1970年代	1980年代	1990年代	2000年代	2010年代

1962年 大学新卒者向けの求人情報誌創刊

1980年ごろ 新卒者向け合同企業セミナー開催

1983年 「就職四季報」創刊

1995年ごろ Web求人広告

2000年ごろ 新卒者紹介サービス

2005年ごろ 逆求人イベント

2012年ごろ Facebook

2012年ごろ Twitter

2014年ごろ スカウティングサイト

2015年ごろ ミートアップ

2016年ごろ AIマッチング

（HR NOTE「新卒採用のトレンドの変遷」を元に作成）

▶採用手法の発達によって、魅力的な企業にはより人材が集まるようになります　HINT

Chapter 6.

4 社の実例

この「4社の実例」では、実際の企業がどのように人材マネジメントを実践しているのかを紹介します。4タイプの企業の「採用（リソースフロー）」の特徴を取り上げました。

実例1. サイボウズ社
「U-29（ユニーク）採用」

ベンチャー中小・流動排出タイプのサイボウズ社では、29歳以下でユニークな経歴の人（海外留学、スポーツ、芸能事務所、大手企業の生産管理、未経験分野に挑戦など）を積極採用しています。扱う製品が企業向けグループウェアであるため他業種を知っている人の入社はメリットが大きいと考えているのです。

同社の最終面接には青野社長が必ず立ち会っています（2017年当時）。「チームワークあふれる社会を創る」という企業理念への共感を、スキルや経験より大事にしているためです。もともと複業がOKの同社では、逆にサイボウズを複業とする「複業採用」も打ち出しています。

実例2. アカツキ社
「『SHINE』募集」

ベンチャー中小・長期育成タイプのアカツキ社では、ビジョンに共感し、共に成長の旅を歩む「仲間」を増やしたいと考えています。必要なのは「社員」ではなく刺激的な冒険を共にする「仲間」です。そのため目指す世界観を映像化して公開しました。その内容は「SHINE A LIFE ─ さあ、世界を色づけよう。」「この世界を色づけるのは、特別な誰かじゃない。きっと僕らだ。そして、キミだ。いっしょに、どう?」未来のアカツキの仲間に向けてのメッセージです（2018年から2019年までで公開終了）。

実例3. リクルート社
「自分より優秀な人を採る」

グローバル大手・流動排出タイプのリクルート社では、創業者江副浩正の言葉「自分より優秀な人を採用する」が採用基準として今も生きています。面接において企業側は「面接官」ではなく対等な「面接者」です。面接者が深く関わり、優秀な人を採用することがプライドだという風土、そしてそれを持続する仕組みがあります。面接者はその力量を厳しく問われ、合否を決める時に「どこが自身より優秀だと思ったのか?」を説明できないと再面接となります。面接者は採用判断後、初期適応まで関わるため、他人事にならないところが特徴的です。

実例 4. トヨタ社
「新卒中心から『中途 5 割』へ」

グローバル大手・長期育成タイプのトヨタ社では、これまで新卒一括採用を人事戦略の基本としてきました。しかし今後の方針としては中途採用の比率を 2018 年度の 1 割から 2019 年度は 3 割に引き上げ、中長期的には 5 割にする予定です（日本経済新聞ではこの動きを「日本型雇用の転機」と謳っています）。

新卒採用は「仕事を知り、キャリアを考え、未来への意思を持つため」に希望する本部・コースを選択して応募する形式となっており（2020 年度）、総合職採用にも変化が見られます。

ベンチャー中小タイプの 2 社は、自社へのビジョンや理念への共感を最重要だと考えています。流動排出タイプの 2 社はユニークで優秀な「個」の採用を重視しています。

採用 (リソースフロー) の 特 徴

流動・排出

ベンチャー・中小企業 ← → グローバル・大手企業

サイボウズ
▼
U-29 (ユニーク) 採用
「チームワークあふれる
社会を創る」への
共感重視

リクルート
▼
**自分より優秀な
人を採る**
面接者が
力量を問われる

アカツキ
▼
『SHINE』募集
必要なのは
冒険を共にする「仲間」

トヨタ
▼
**新卒中心から
『中途 5 割』へ**
転機を迎える
日本型雇用

長期・育成

まとめ

　Chapter6.のまとめとしてツボ051〜060のQ＆Aを一覧としています（右表）。
　また、人事担当者、管理職（マネジャー）、経営者、人材・人事業界の方それぞれに向けてこの「採用（リソースフロー）」でお伝えしたいメッセージを記載しています。

人事担当者の方へ

　人事担当者にとって採用は比重の大きい仕事です。自分たちの発揮する価値は何かを見極め、必要な箇所は現場を巻き込み、共に動くことで効果を最大化します。人事担当者が行うべきことは、戦略達成に向けた人員構成や人員計画の立案、母集団の形成、適性検査の使用、面接の実施、そして他社動向の把握です。まさに人事の腕の見せ所といえる領域ですので、専門性を磨き続けていきましょう。

管理職（マネジャー）の方へ

　現場のマネジャーにとって採用は、新しいメンバーを迎えるための大切な仕事です。特に中途採用においては大きく権限が委譲されます。どのような人材が、いつまでに、どのくらい必要なのか、人事部門と協力しながら採用要件と採用方法を考えていきましょう。

経営者の方へ

　経営者は、採用において人員構成や人員計画に対する最終判断を行います。また自社の譲れない「価値観」を示すことが最も重要な役割です。自身の採用における判断基準を次の世代とすり合わせ、その視界を引き継いでいきましょう。

人材・人事業界の方へ

　特に人材紹介会社の方は、顧客企業の短期的な採用要件だけではなく、その背景にある人員計画、人員構成、そして達成したい戦略までを想定して提案を行いましょう。また、その企業が譲れない「価値観」はどこかを捉え、日本企業全体での適材適所を実現することは大きな社会的価値となります。それができるのは各社を相対的に見ることのできる立場にいる皆さんだけです。

　次のChapter7.ではリソースフローの後半として、異動と代謝について学びます。

	Q	A
051	リソースフローとは何か？	採用・異動・代謝という人材の流れ
052	理想の人員構成の考え方とは？	戦略達成に向けた「貢献の仕方」で人材を分類し、その構成人数を検討する
053	人員計画はどのように立てればよいのか？	理想の人員構成と現状の人員構成を照らし、そのギャップをどう埋めるか検討する
054	採用を効果的に進めるポイントは？	現場を巻き込んで採用チームを結成すること
055	採用要件はどのように設定するべきか？	要件を洗い出し、優先順位をつけて絞り込み、「求める人材像」として設定する
056	求人（母集団の形成）方法にはどのようなものがあるか？	メディア・エージェント・リファラル・スカウトの4種類
057	適性検査はどのように活用すべきか？	検査の限界を認識したうえで、総合的な深い人物理解のために活用する
058	面接を行ううえでのポイントは？	選考段階ごとに見る要素を絞り、過去のエピソードを深掘りして、採用要件にマッチしているかを判断する
059	採用した人に活躍してもらうため企業は何をするべきか？	嘘をつかない、見守る、小さな成功を作る
060	これからの採用を考えるうえでのポイントは？	個人と企業のマッチングは健全な方向へ進み、企業自体に魅力があるかどうか問われるようになる

アカツキ社で人事企画室を立ち上げていた頃、私は新しく採用したメンバーの適応に苦しんでいました。この方なら大丈夫だと私が腹をくくって採用したメンバーが、うまくチームになじめず退職してしまったのです。しかもそれが2名連続でした。小さいチームでしたので影響も大きく、一体自分の何が良くなかったのかととても悩みました。

友人である働きがいのある会社研究所（GPTW）の岡元利奈子社長（当時）に相談したところ、「採用時点で、とにかく多くのメンバーが会って、一緒に働きたいと思える人を採用することだよ」と助言してくれました。当時『働きがいのある会社』ランキングで5年連続1位を受賞されていたVOYAGE GROUPの青柳智士CCO（当時）も「面接で相手のすべてを見抜くのはそもそも無理。面接の回数を増やし、10人、20人の従業員に会ってもらうようにしています」と教えてくれました。

それを受けて、自チームの全員（室長の私からアシスタントの方まで必ず全員）で採用面接を行う「全員採用」を実施することを決心しました。日程調整が大変なので形式は都度フレキシブルに。1対1の時もあれば、複数人でお会いする時も、ランチの時もありました。とにかく全員が会うことを最優先したのです。面接を行ったみんなの意見を聞いた上で最終決定をするため、私が戦力的に来て欲しいと思った方でも誰かが違和感を持ったときには見送るということが何度もありました。

そうしてジョインしてくれたメンバーは、これまでよりも適応が格段にうまくいきました。特に本人が入社後何かでつまずいた時、周囲の仲間が「支え合う」風土が醸成されていました。これはチームメンバーの一人ひとりが「一緒に働きたい」と思って、自分で判断して仲間を迎え入れた効果だったのではないでしょうか。

異動・代謝

Chapter 7.

リソースフロー

Q そもそも異動を行う目的は何か？

■ 異動とは何か？

異動とは、人材を今の仕事・部署から、違う仕事・部署へと変更することです。転勤、子会社などへの出向、昇降格も異動に含まれます。

■ 異動の目的

馴染みのあるこれまでの仕事や仲間たちから切り離され、新しい環境で働くのは大変なことです。本人にとっては苦労も多いはずですが、なぜ企業は、わざわざそんなことを行うのでしょうか。

異動の目的は3つ、適材適所、人材開発、そして幹部育成です（図表061）。

■ 1．適材適所

組織では、業務を行うために適した（向いている）人材を配置する必要があります。中長期では、経営戦略を実現する組織体制の変更のため、短期では、特定業務の人員不足や人員過剰の調整のために異動が行われます。

■ 2．人材開発

そして、異動は組織の都合だけで行われているのではありません。

「人材開発」の大切な手段でもあります。能力向上・キャリアの実現・周囲との良いつながりを持つなど、働く個人がより成長していくために異動が行われます。

■ 3．幹部育成

日本企業にとって異動は特に重要な意味を持ちます。それは経営幹部の育成です。人材開発の一部でもありますが比重が大きいため目的として切り出しています。欧米のような選抜型の幹部育成プログラムが、多くの日本企業にはなく、計画的な異動（ジョブローテーション）によって幹部育成を行ってきました。企業内の様々な現場で経験を積み、各所に協力者のいる幹部を育成するために異動は行われます（ツボ064参照）。

組織と個人、短期と長期、複層的な目的を同時に実現しなければならない、しかしやり方によっては実現できるところに、異動の難しさと妙味があります。組織をそして個人の経験をどのようにデザインしていくのか、センスが問われる領域と言えます。

どのようにすれば異動はうまくいくのでしょうか。次のツボ062ではそのポイントを考えます。

100 の ツ ボ
061

A 適材適所、人材開発、幹部育成のため

図表061

異動の目的

1 適材適所

中長期:経営戦略を実現する組織体制の変更のため
短期:特定業務の人員不足や人員過剰の調整のため

2 人材開発

能力向上・キャリアの実現・周囲との良いつながりを持つなど個人がより成長するため

3 幹部育成

企業内の様々な現場で経験を積み、各所に協力者のいる幹部を育成するため

▶本人、異動元、異動先の負担が大きいため、必ず効果を出しましょう　HINT

Q 異動がうまくいくポイントは？

終身雇用、年功序列の時代は会社主導の異動を受け入れて当たり前でしたが、これからは「納得できる」異動が重要になってくるでしょう。

■働く人が異動を希望していること

リクルートワークス研究所の大久保幸夫は異動のポイントをこう言っています。

専門以外の仕事をするわけですから、成果が出るまでに半年程度が必要です。その半年間は利益は期待できず、純粋な人材投資になるわけです。その時、異動者の頭のなかで起こっているのが「知識の再構造化」です。それは、自分のこれまでの知識や経験に新たなものが加わり、まったく別の視界や思考が生まれるということ。そこがうまく行くと、不連続な成長が達成されるのです。その際大切なのが、その人のモチベーションの高め方です。いやいやながら行かせると知識の再構造化は起こりません。いちばんよい方法は自ら希望させることです。（リクルートワークス研究所「2020の人事シナリオVol.12」より）

いちばん良い形は働く人が自らの意志でその異動を希望していること。そのとおりでしょう。直接的に自己申告制度など本人の意志を表明できる仕組みを導入している企業も多くあります（ツボ063参照）。しかし異動を自ら申告するためには自分のキャリアがどうありたいかを自覚し、現実的な職務に接続できなければなりません。そこま

で自立的に考えられる人はそう多くないでしょう。また、たとえ本人が望んでいなくても、企業がやってほしい仕事もあれば、本人の成長を考えると（本人は気がついていないとしても）取り組んでほしい仕事もあるはずです。

■「企業からの期待」を伝えること

直接的に本人が希望していない場合は、異動の理由を、期待を込めてしっかり伝えなければなりません。このコミュニケーションによって前向きに新しい仕事に取り組めるか、企業に不信を持って気持ちが離れてしまうかが大きく左右されます。

日本企業においては、現在の仕事の在任期間や上司の見解、本人の意志を踏まえて、部門内の異動であれば部門長が決定し、部門を超えるときは人事が決定することが多いようです。決定した主体者を不明瞭にせず、異動における「企業からの期待」を「決定者自身」からメッセージとして伝えることが重要です。この時一人ひとりのキャリアを真剣に考えていることは前提です。異動がうまくいくかいかないかは結局、組織が個人と向き合ってきた信頼関係の結果なのかもしれません。

次のツボ063では、異動の仕組みの実例を見てみましょう。

図表062
異動がうまくいくために

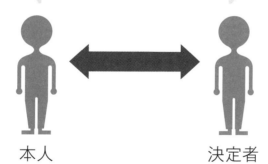

本人が直接希望していること

キャリアを真剣に考えた上で
成長に向けて期待すること
会社としてやって欲しいこと

**希望を出せる
機会がある**

**決定者自身から
丁寧に伝える**

本人

決定者

▶ 異動は、個人と組織の信頼関係が問われる瞬間とも言えます　　　HINT

Q 異動の仕組みにはどんなものがある?

異動の仕組みについて、実際の事例を見てみましょう (図表063)。

■手上げ式の社内公募

リクルート社のキャリアウェブ、サイバーエージェント社のキャリバーとキャリチャレ、ソニー社のグローバル・ジョブ・ポスティングはいずれも「働く人が自らの意志によって異動を実現する」ための仕組みです。イントラネットなどに様々な事業部・部署の職場環境や人材ニーズ (求人広告) をアップし、社員が自由に応募できます。

リクルート社においては、応募者と各事業担当者が面接を実施、双方の希望が合えばマッチングが成立し「元部署の上司は拒否権を持たない」ことが特徴です。元部署の上司からすると辛い施策ですが、部署業績や部署最適ではなく、働く人を生かすことが全社最適であるという企業からのメッセージと言えます。

■適材適所を担う専門人事

会社の規模が大きくなると、人材と部署・職場の最適なマッチングを判断することが難しくなります。そこを解決し横断的な人材開発を行うために、サイバーエージェント社のキャリアエージェント、ソニー社のグローバル・タレントダイレクターは適材適所を担う専門の人事職を設置し、各所にいる優秀な人材を把握し、その人材の活きる

ポジションを探索しています。また、サイバーエージェント社の人材科学センターは社員の職歴・実績・評価・コンディション・キャリア志向などのあらゆる社員データを分析し、レポーティングする部門です。例えばこれまでの成功プロジェクト、失敗プロジェクトのメンバー構成などを分析し、新規事業立ち上げ時のチーム構成、抜擢人事、異動を提案しています。

■組織横断の人材開発会議

リクルート社の人材開発委員会、サイバーエージェント社の人材覚醒会議は、どちらも組織全体で人を育てるための会議体です。人材一人ひとりの強みを生かし、課題を克服するためにどのような配置やミッション付与を行えば良いか、時間をかけて徹底的に議論しています。

次のツボ064では、大多数の日本企業においてほぼ前提のように実施している異動の仕組み、ジョブ・ローテーションについて見ていきます。

図表063

適材適所を狙う異動施策の実例

	リクルート社	サイバーエージェント社	ソニー社
手上げ式の社内公募	**キャリアウェブ** ・各事業が求人広告をアップし、従業員は自分の意志で自由に応募できる。 ・元部署の上司は拒否権を持たない。	**キャリバー** ・様々な部署の人材ニーズを可視化。 **キャリチャレ** ・社内異動公募制度。	**グローバル・ジョブ・ポスティング** ・ウェブ上で希望者が手を上げる。 ・38カ国で302人が手を上げ、うち21人の異動が実現（3年間）。ジュニアクラス対象。
横断的な人材開発	**人材開発委員会** ・組織全体で人を育てるため、本人の強みや課題に対してどのような仕事やポストが適切かを検討する会議を1年に2回実施。 ・中長期視点でグループや部を越えた任用や配置、ミッション設定が検討される。	**キャリアエージェントグループ** ・全社適材適所（異動や抜擢）実現のため面談や事業責任者ヒアリングを行う。 **人材科学センター** ・社員データ（職歴・実績・評価・コンディション・キャリア志向）を分析し、チーム構成・抜擢人事・異動などを提案。	**グローバル・タレントダイレクター** ・各地域（世界7カ所）における優秀な人材の発掘、アサインするポジションの探索を行い、相互に情報交換する。 ・120〜130人の異動（3年間）。ミドルクラス対象。
トップ人材の育成	**執行役員候補の人材開発委員会** ・2〜3年以内に執行役員になる可能性がある人材について2日間議論。 ・16項目の「Values＆Skills」という人事評価をもとに具体的なスキル開発を議論。	**人材覚醒会議** ・トップ人材を可視化し、現在の配置でいいのか、部署異動させることで異動先の事業と本人の能力を伸ばすことができないか、役員が徹底的に議論（事業部単位でも実施）。	**レバレッジ・タレント** ・優秀な人材を研修と配置を組み合わせて育てる。アサインによる計画的育成。 ・カリフォルニア大学での研修（半年間）後、成長できる仕事にアサインする。

（「www.recruit-holdings.co.jp」「www.cyberagent.co.jp」「リクルートワークス研究所 2020 の人事シナリオ Vol.12 岸本治氏　ソニー（www.works-i.com）」を元に作成）

▶社内公募制度は「異動元」の上司に拒否権があるかどうかで性質が変わります　HINT

Q なぜジョブ・ローテーションを行うのか？

■長期の競争と短期の競争

日本企業では、終身雇用の中で同期入社の同僚には一定期間の昇格・昇給にあまり差をつけない「長期の競争」が重視されてきました。社員のモチベーションを長期間維持して、人材育成に取り組むためです。一方で欧米企業では「短期の競争」を重視し、ファストトラック（早期選抜制度）を取り入れている企業が多くあります。狙いは優秀社員の早期育成、社員間の競争の促進、優秀な社員を辞めさせないことです。

■ジョブ・ローテーションの目的

長期の競争を前提として、日本企業ではジョブ・ローテーションが長く行われてきました。その目的は3つあります（図表064）。

1つ目は幹部育成です。いくつもの部署や職種を経験する事で、社内のあらゆる業務を遂行する能力が身につきます。また社内の各所に業務をともにした仲間が増えていきます。その結果、様々な社内状況で力を発揮できるゼネラリスト（ツボ094参照）としての力を持った管理職、そして幹部が育成されるのです。

2つ目は部署間のコミュニケーションの活性化です。縦割りになりがちな組織において、それぞれの部署の状況を知っている仲間がいることは、連携を促進するためにとても効果があります。

3つ目は仕事の属人化防止です。特定の優秀な人材が行っている業務であっても、ローテーションで必ずいなくなることがわかっていれば、仕事は誰がやってもできる状態に整えざるを得ません。また過剰に仕事に密着することで生じる不正の発生や隠匿を防ぐことができます。

■ジョブ・ローテーションのデメリット

ジョブ・ローテーション一番のデメリットは、専門知識を深めた専門家が育ちにくいことです。キャリア志向の調査によると、組織を率いるリーダーよりも、専門性を極めてプロフェッショナルになりたい人が多いそうです（ツボ093参照）。一律のジョブ・ローテーションを行うことは働く人の志向と乖離しており、無理やり実施し続ければ、専門家を目指す人は定着せず辞めてしまう可能性があります。

ゼネラリストとして育成すべき幹部候補者と、専門的な道を望む多くの社員、その育成方法を区分けして用意する必要がありますが、まだ各企業は模索している段階です。

次のツボ065では、ゼネラリストである「管理職」にはどのような人がなってきたのかを考えます。

100のツボ
064

図表064

ジョブ・ローテーションの目的

1

幹部育成

- 社内のあらゆる業務を遂行する能力が身につく
- 社内の各所に業務をともにした仲間が増える
- 様々な社内状況で力を発揮できるゼネラリストへ

2

部署間コミュニケーションの活性化

- それぞれの部署の状況を知っている仲間がいる状態を作る
- 部署間の連携が促進される

3

仕事の属人化防止

- 担当者が必ずいなくなるため誰がやってもできる状態に整えざるを得ない
- 不正の発生や隠匿を防ぐ

▶「あいつがいないと回らない」という部署の、あいつがまず異動になります

HINT

Q どんな性格の人が管理職に選ばれやすいのか？

100 の ツ ボ
065

■ 管理職向きの性格

　管理職にはどのような人が向いているのでしょうか？　大沢武志『心理学的経営』によればリクルート社が1969年の実証研究で優秀な管理職に共通する4つの因子を発見しています。

　　情緒的な適応に関係する「性格的強靱性」
　　積極性や指導性・攻撃性を示す「支配性」
　　分析的で合理的な判断を好む「決断性」
　　対人適応性を示す「社交性」

　業績評価の高い管理職は、低い管理職よりも4つの因子の得点が高いことがわかっています。この研究をもとに「管理者適性検査NMAT」が開発され、管理職候補者の適性を見極めるために多くの企業に導入されてきました。

■ 管理職適性検査の追跡調査

　この適性検査を受けた管理職候補者の方々がその後どのくらい昇進昇格したかを調べた追跡調査の結果が公開されています（**図表065参照**）。

　昇進度合いが高い人の性格特徴は、対人関係面「外向」「統率」「理性」「強靱」、課題解決面「変革」「大胆」の傾向が強い。つまり人に対しては「社交的で集団の中でも臆せずに自分の意見を主張し、ものの筋を重視しながら、多少のことには動じない」タイプで、仕事への取り組みは「革新的で思いきった決断をする」タイプの人が、相対的に高い職位へ昇進昇格しているのです。

■ 今の日本企業の管理職に向いた性格

　管理職に向いている（昇進昇格しやすい）性格というものが、どうやらありそうです。しかし、これはあくまでもこれまでの日本企業での一律な管理職の話です。働き方や役割が多様になってきているこれからは、もっとカラフルで様々な個性のプロフェッショナルが生きる時代が来るのではないでしょうか（ツボ093・094参照）。

　次のツボ066からはリソースフローの出口、代謝について考えます。

社交的で臆せず意見を主張し革新的で思いきった決断をする性格の人が選ばれやすい

図表065

昇進度別「NMAT」結果

＊＊ ＝1%水準 　**＊** ＝5%水準

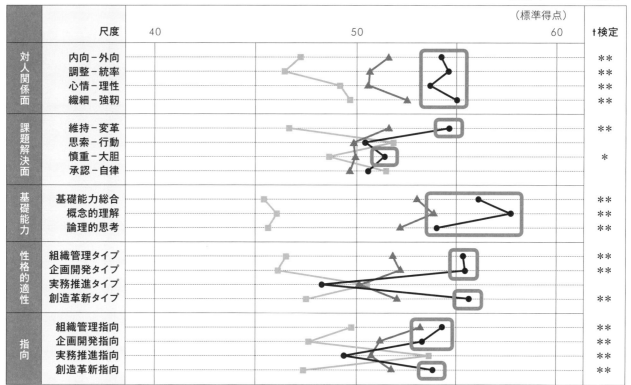

	尺度	40	50	（標準得点）60	†検定
対人関係面	内向－外向				＊＊
	調整－統率				＊＊
	心情－理性				＊＊
	繊細－強靭				＊＊
課題解決面	維持－変革				＊＊
	思索－行動				
	慎重－大胆				＊
	承認－自律				
基礎能力	基礎能力総合				＊＊
	概念的理解				＊＊
	論理的思考				＊＊
性格的適性	組織管理タイプ				＊＊
	企画開発タイプ				＊＊
	実務推進タイプ				
	創造革新タイプ				＊＊
指向	組織管理指向				＊＊
	企画開発指向				＊＊
	実務推進指向				＊＊
	創造革新指向				＊＊

●＝G群（昇進度：高）90名　▲＝M群（昇進度：中）670名　■＝P群（昇進度：低）200名

（『管理者適性アセスメント追跡調査2011』（2011、リクルートマネジメントソリューションズ）より）

▶ G群は概念的理解（論旨を把握し理解する力）が高いことも特徴的です　　*HINT*

リソースフローとは採用・異動・代謝という人材の流れでした（ツボ051参照）。その最後の出口である「代謝」とは社員が会社を辞める「労働契約の終了」のことです。

■ 代謝の設計

代謝の設計について考えます。日本にはずっと働き続けること（雇用の維持）が正しいという前提（ツボ068参照）があるため、代謝を設計するという考え方には、ピンとこない方も多いかもしれません。わざわざ社員を辞めさせることを考えるより、良い人材を採用して、ずっと働いてもらうことを考えるべきでは？　と。しかし実は採用と代謝、両方の設計を行わなければ健全な組織にならないのです。

■ 代謝の少ない組織はリストラを招く

例えば、入社4%、退職4%、新卒採用のみの組織モデルを考えてみましょう（図表066）。25年後、理想的な退職率が維持できていれば人員は総入れ替えとなり、全体のプロポーション（40歳代後半を頂点とする年齢構成）は変わりません。しかし図の右側のように予定より退職率が低くなった場合、全体のプロポーションが変化します。年齢が上の層においてはポスト不足が起こり、余剰人員が生じてしまいます。事業拡大が見込めないとすると、痛みを伴うリストラを行うことになります。組織に残りたいと考えている人たちを無理に切り捨てることは、たとえどのような建前や言い訳を置いたとしても、組織の疲弊を招き、風土を悪化させます。

■ 優秀な人材の代謝は次の世代への機会

優秀な人材が辞めることは組織にとっては損失に見えます。しかし実はそれは短期的なことです。一定割合の人材が自然にポジティブな退職をして、新しい環境で活躍することは良好な風土をつくり、次の世代の社員に「魅力的なポジション・ポスト」が提供される成長の機会になります。

代謝とは古い細胞が新しい細胞に入れ替わる「新陳代謝」のこと。生命にとって自浄作用は必須機能であるように、組織にとっての代謝も必要な機能なのです。

次のツボ067では、退職率をコントロールする手法を確認します。

図表066
退職率による組織プロポーションの変化

理想的な退職率がキープできた

予定より退職率が低かった

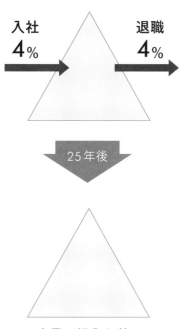

入社
4% → 退職 **4**%

入社
4% → 退職 **2**%

25年後

25年後

ポスト不足
余剰人員

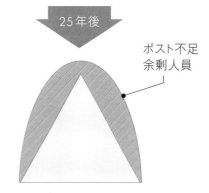

人員は総入れ替え
全体のプロポーションは維持

全体のプロポーションが変化
痛みを伴うリストラの可能性

（曽和利光『人事と採用のセオリー』を元に作成）

▶ずっと働いてもらうことだけが正解ではありません。組織の設計が必要です　*HINT*

Q 退職率をコントロールすることはできるのか？

組織のプロポーション（年齢構成）を健全な形に保つためには、採用だけではなく代謝をコントロールすることが必要です（ツボ066参照）。そのためには退職率をモニタリングして、適切な水準を目指して施策を打つことになります。

■「求心力」施策と「遠心力」施策

退職率を下げるためには求心力施策を、上げるためには遠心力施策を打ちます（図表067）。

求心力施策は会社への定着を促します。具体的な例としては、組織の一体感や愛社精神を高揚させるイベントや評価・認知活動、社内業務に役立つ能力開発への投資、残留インセンティブの高い退職金、報酬アップなどがあります。

遠心力施策は会社からの退出を自然に促します。具体的な例としては、社外を含めた選択肢を検討させるキャリア研修への投資、セカンドキャリア支援の退職金、早期退職による退職金の上積み、役職定年制度などがあります。

2つの施策を、バランスを見ながら実施し、組織全体の自発的退職率をコントロールしていきます。人事は全員が定年まで残ることはないという事実から目を背けず、彼らが社外でも活躍できる状況を作っておくべきです。

■ 特定社員へのリテンション施策

退職の可能性が高いが、退職すると組織へのマイナス影響力が大きい特定の社員に対しては、個別のリテンション施策を検討します。賃金の昇給やストックオプションなどの外的報酬も本人の希望があれば一定の効果は期待できますが、本質的には魅力的な仕事（ポスト）や高め合える職場の仲間とのつながりといった内的報酬が効果的です（ツボ032参照）。

次のツボ068では日本企業の代謝の特徴について確認します。

図表067

「求心力」施策と「遠心力」施策の例

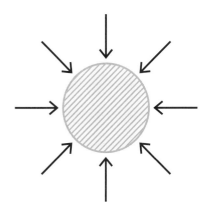

「求心力」施策

- 組織の一体感や愛社精神を高揚させるイベントや評価・認知活動
- 社内業務に役立つ能力開発への投資
- 残留インセンティブの高い退職金
- 報酬アップ　　など

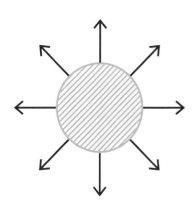

「遠心力」施策

- 社外を含めた選択肢を検討させるキャリア研修
- セカンドキャリア支援の退職金
- 早期退職による退職金の上積み
- 役職定年制度　　など

（曽和利光『人事と採用のセオリー』を元に作成）

▶退職率をモニタリングして観察し、手を打ち続けることが重要です　*HINT*

Q 日本企業の代謝の特徴は？

■「解雇」をできる限り回避する

多くの日本企業は、終身雇用を前提として様々な仕事で貢献するポスト可変契約（ツボ009参照）です。その発端は第二次世界大戦後間もない1950年〜1960年代。大量解雇を巡って日本企業の労使は激しく対立しました。深刻な混乱が起きたことから「経営者は解雇をできる限り回避し、内部調整政策を積極的に活用する」「労働組合は、解雇を回避するのであれば、配置転換などの雇用調整に協力する」つまり「終身雇用」が方針として掲げられたのです。

■「終身雇用」のメリットと
維持するメカニズム

終身雇用には次のようなメリットがあります（図表068）。チームの効率維持、ノウハウの共有と伝承、効率的な人材配置、教育投資の回収、安心の提供によるコミットメントの増大などです。その終身雇用を維持し、かつ年功的に全員の賃金を昇給し続けるためには企業が成長することが前提となります。しかしそれが常に成立するとは限らないため、実際にはそれを維持するメカニズムが日本企業には組み込まれてきました。対象者を正社員に限定する、高卒・大卒などでカテゴリーを区分けする、昇進を柔軟にする職能資格等級（ツボ045参照）、そして一番効果的なのが定年制です。

■代謝の手法としての「定年制」

定年制は労働者が一定の年齢に達したときに労働契約が自動的、画一的に終了となる仕組みです。終身雇用という方針を守りながら、組織の新陳代謝を担保する手法だと言えます。年齢という動かしようのない基準によって行われる明確で公平性が高い仕組みと言えます。

■「定年延長」により弱まる代謝機能

定年は法律上60歳以上と定められているため（高年齢者等の雇用の安定等に関する法律第8条）、60歳としている企業が多いのですが、2013年以降は希望者全員の雇用を65歳まで延長することが企業に義務づけられました。65歳というのは厚生年金の受給開始年齢ですので、今後は厚生年金制度の動きに合わせて70歳などに拡大されていく可能性もあります。

定年が延長されるということは企業の中での代謝機能が弱まり自浄作用が起きにくくなるということを意味します。人件費に限りがある中で、若年層の退職率を引き上げる「遠心力」施策が必要となってきます（ツボ067参照）。

次のツボ069ではこれからの代謝について考えていきましょう。

100のツボ
068

図表068

終身雇用のメリット

終身雇用
目的：解雇をできる限り回避する

定年

メリット

チームの
効率維持　　ノウハウの
　　　　　　　共有と伝承

安心の提供による
コミットメントの増大

教育投資
の回収　　　効率的な
　　　　　　人材配置

入社

維持するためのメカニズム

● 対象者を正社員に限定する
● 高卒・大卒などでカテゴリーを区分けする
● 昇進を柔軟にする職能資格等級
● 正社員を一律で代謝する「定年制」

▶終身雇用の維持には、定年制という明確で強制的な代謝機能が不可欠でした　HINT

■ 終身雇用の限界

　日本企業は解雇権濫用法理によって解雇するために厳しい条件を満たすことが求められています。企業が成長している間は問題ないのですが、長期的な成長が難しい現代では余剰人員の人件費を払い続けることは大きな負担となってしまいます。また年齢の高い世代が多くなると必要なポストを増やすことも難しくなります。さらにグローバル化による人件費の変動費化の必要性、労働力需給のミスマッチ、出向・転籍活用の困難化などからも終身雇用は今、限界を迎えつつあります。2019年5月13日トヨタ社の豊田章男社長が「雇用を続ける企業などへのインセンティブがもう少し出てこないと、なかなか終身雇用を守っていくのは難しい局面に入ってきた」と発言したことはその終焉を告げる象徴的な出来事でした。

■ 各社模索中の「早期退職優遇制度」

　解雇ができない中、代謝を促進するための代表的な遠心力施策（ツボ067参照）は早期退職優遇制度です。中央労働委員会の「平成27年退職金、年金及び定年制事情調査」によれば51％の企業が導入しています。しかし選択を本人に委ねるため企業がコントロールできず、予想以上に辞めてしまう、辞めて欲しくない人が辞めてしまう、辞めて欲しい人に水面下で働きかけ逆に信頼を損ねる、といった問題が起きてしまっています。まだ各社は模索中の段階のようです。

■ アップ・オア・アウトは本当に厳しいのか？

　終身雇用の逆として位置付けられる人事制度に「アップ・オア・アウト」があります。昇進できなければ退社、という一見厳しい人事制度です。優秀な人だけを残せるという企業側の都合は当然ありますが、働く個人にとっても実は意味があります。古野庸一・小野泉『「いい会社」とは何か』によれば、ある優良企業では30歳前後で活躍しそうもない人に辞めてもらうことを徹底しているそうです。それは40歳を超えると転職が困難になるから。人材を抱え、結果として「飼い殺し」になってしまう企業と比べて、より働く人を大切にしているのはどちらでしょうか。

　代謝とは、古い細胞が新しい細胞に入れ替わる、生命にとって必要な自浄作用という機能です。解雇は抑制され、定年制の効力も弱まり（ツボ068参照）、日本企業はその機能が担えなくなってきました。そして平均寿命は延び続けており、定年後の人生はまだまだ続きます **(図表069)**。必要な自浄作用は、これから働く個人に委ねられていくのかもしれません。

　次のツボ070ではこれからのリソースフローについて考えます。

100 の ツボ
069

A 限界を迎え、必要な自浄作用は 働く人に委ねられていく

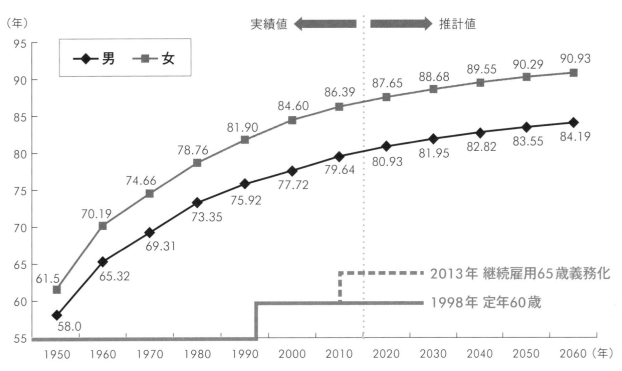

図表069

平均寿命と定年年齢

実績値 ⟵ ⟶ 推計値

（年）

95

男　女

90.93
90.29
89.55
88.68
87.65
86.39
84.60
81.90
78.76
74.66
70.19
61.5

84.19
83.55
82.82
81.95
80.93
79.64
77.72
75.92
73.35
69.31
65.32
58.0

2013年 継続雇用65歳義務化

1998年 定年60歳

1950　1960　1970　1980　1990　2000　2010　2020　2030　2040　2050　2060（年）

資料：1950年及び2010年は厚生労働省「簡易生命表」、1960年から2000年までは厚生労働省「完全生命表」、2020年以降は、国立社会保障・人口問題研究所「日本の将来推計人口（平成24年1月推計）」の出生中位・死亡中位仮定による推計結果
（注）1970年以前は沖縄県を除く値である。0歳の平均余命が「平均寿命」である。

（内閣府のグラフを元に作成）

▶定年年齢と平均寿命の差は大きく、定年後も収入源が必要なことは自明です　HINT

Q これからのリソースフローを考えるうえでのポイントは?

■ カラフルなプロフェッショナル

終身雇用が終わりを告げた時、日本企業の得意なジョブ・ローテーションによる幹部育成（ツボ064参照）はどうなっていくのでしょうか。

幹部はプロフェッショナルの一形態でしかないと捉えられるようになると私は考えます。様々なプロが活躍する中で、マネジメントのプロ、経営のプロというキャリアもあり得る、という形です。それ以外の道は出世コースから外れたのではなく、それぞれの専門性を高め、その色を生かした専門家としてのプロです。そんなカラフルなプロフェッショナルたちが活躍できる企業が、働く人からは求められています（Chapter 10参照）。

■ 新しい人と組織の関係

リード・ホフマン（シリコンバレーのベンチャー企業、リンクトイン創業者）の『ALLIANCE』をご紹介します（図表070）。これは終身雇用を前提とせず、相互の信頼を中長期で積み上げるモデルです。会社と個人の間に、フラットで互恵的な信頼に基づく「パートナーシップ」の関係を築こう、というのが本書の主張です。

企業は社員に向かってこう言います「当社の価値向上に力を貸してほしい。当社も『あなた』の価値を向上させよう」。社員は上司に向かってこう言います「私が成長し活躍できるように手を貸してください。私も会社が成長し活躍するために力になりましょう」。両者とも自分の期待値をはっきりと相手にコミットメントする「期間」とともに示すのです。

そして上司は採用したばかりの社員にこう聞きます「うちを辞めた後は、どんな仕事をしたいの?」これは彼らの後々のキャリアに役立つようなコミットメント期間を確実に提供するためです。「この社員はいずれ辞める」と認識することが実は相手から信頼を得るベストの方法だとホフマンは主張しています。

入社してから50年の仕事人生となることを考えると、会社が多様な働き方を用意することも必要ですが、それぞれの個人が自らの適性を考え、自らの働く場を開拓しプロフェッショナルとして意志を持って動くほうが現実的かつ理想的です。

そのためには個人が自律的にキャリアを選択し成長することが、そして企業には、それを邪魔せず、互恵的な信頼を中長期で積み上げる、リソースフローを用意することが求められています。

A 相互の信頼を積み上げる新しい個と組織の 関係の中で、カラフルなプロが活躍する

図表070

アライアンス・モデル

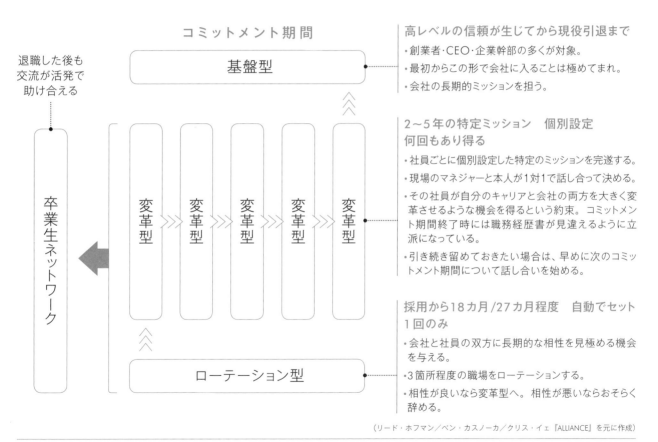

コミットメント期間

退職した後も
交流が活発で
助け合える

基盤型

卒業生ネットワーク

変革型 ≫≫ 変革型 ≫≫ 変革型 ≫≫ 変革型 ≫≫ 変革型

ローテーション型

高レベルの信頼が生じてから現役引退まで
・創業者・CEO・企業幹部の多くが対象。
・最初からこの形で会社に入ることは極めてまれ。
・会社の長期的ミッションを担う。

2～5年の特定ミッション　個別設定
何回もあり得る
・社員ごとに個別設定した特定のミッションを完遂する。
・現場のマネジャーと本人が1対1で話し合って決める。
・その社員が自分のキャリアと会社の両方を大きく変革させるような機会を得るという約束。コミットメント期間終了時には職務経歴書が見違えるように立派になっている。
・引き続き留めておきたい場合は、早めに次のコミットメント期間について話し合いを始める。

採用から18カ月/27カ月程度　自動でセット
1回のみ
・会社と社員の双方に長期的な相性を見極める機会を与える。
・3箇所程度の職場をローテーションする。
・相性が良いなら変革型へ。相性が悪いならおそらく辞める。

(リード・ホフマン／ベン・カスノーカ／クリス・イェ『ALLIANCE』を元に作成)

▶コミットメント期間を明確にして、お互いの「信頼」を積み上げるモデルです　*HINT*

4 社の実例

4タイプの企業の「異動・代謝（リソースフロー）」の特徴を取り上げました。

実例1. サイボウズ社
「育自分休暇」

ベンチャー中小・流動排出タイプのサイボウズ社では、35歳以下のエンジニアやスタッフを対象に「育自分休暇」制度を導入しています。利用者には退職後6年間は復帰が可能になる「再入社パスポート」が交付され、転職や留学など、自分を育てるためにサイボウズを一度離れ、環境を変えることを可能にします。戻ってきた人は既存社員が持ち合わせていない経験と感覚を身につけているはずです。根底には「ダイバーシティ（多様性）とインクルージョン（受容性）を備えた組織」という目指す組織の姿があります。

実例2. アカツキ社
「ミニCEO『PL』」

ベンチャー中小・長期育成タイプのアカツキ社では、プロダクトを取り仕切るリーダー「PL」が、若手の重要な育成機会となっています。新卒2年目のメンバーが自ら手をあげてPLに任命されるという抜擢も珍しくありません。PLには権限が大きく委譲されており、予算決定、採用配置からプ

ロモーション方法、文化醸成まで幅広く、「ミニCEO」として意志決定することが求められます。抜擢と権限委譲で起業家精神を育むのです。そして一般的な課長のような「重さ」がないことも特徴です。「役職は役割でしかない」ためPLは半年などの短いスパンで変わり、外れることもごく当たり前です。

実例3. リクルート社
「キャリアウェブ」

グローバル大手・流動排出タイプのリクルート社では、「一人ひとりが起業家精神を持ち成長を続ける」ことが最も重要な前提です。自分の意志で異動を実現する「キャリアウェブ」を導入しています。本人が希望すれば異動元の上司は拒否できません。

退職することを「卒業」と呼び推奨している同社では、卒業後のステップアップを支援する退職金制度があります（Chapter 3の実例参照）。その一方で会社は「成長する機会を提供する」ため、1年に2回の「人材開発委員会」で本人の強みや課題に対してどのような仕事やポストが適切かを検討し、中長期的な視点で組織横断の任用や配置ミッションを決定しています（ツボ063参照）。

実例4. トヨタ社
「プロ育成基本プラン」

グローバル大手・長期育成タイプのトヨタ社では、人事異動は人材育成の有効かつ重要な手段と考えており、特に将来のリーダー候補を中長期的・計画的に異動させることで育成しています。「プロ育成基本プラン」を使用して、毎年4月の「自己申告制度」にて上司と本人でキャリア形成について考える機会を持ちます。そこで自分の保有能力の棚卸しをし、本人の意思・意欲を確認した上で育成計画を作り、業務経験を通じた育成目的でのローテーションを組み立て実施しています。

流動排出タイプの2社は自分の「意志」で異動や退職することを促しています。長期育成タイプの2社は本人の「希望」を確認し加味した上で会社・組織が抜擢や異動などを決定しています。
グローバル大手タイプの2社は、中長期的な視点で任用・配置を計画して育成を行っています。

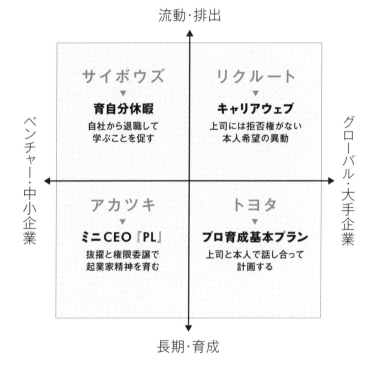

異動・代謝（リソースフロー）の特徴

流動・排出

ベンチャー・中小企業 ／ グローバル・大手企業

サイボウズ
▼
育自分休暇
自社から退職して
学ぶことを促す

リクルート
▼
キャリアウェブ
上司には拒否権がない
本人希望の異動

アカツキ
▼
ミニCEO『PL』
抜擢と権限委譲で
起業家精神を育む

トヨタ
▼
プロ育成基本プラン
上司と本人で話し合って
計画する

長期・育成

まとめ

Chapter7.のまとめとしてツボ061～070のＱ＆Ａを一覧としています（右表）。

また、人事担当者、管理職（マネジャー）、経営者、人材・人事業界の方それぞれに向けてこの「異動・代謝（リソースフロー）」でお伝えしたいメッセージを記載しています。

人事担当者の方へ

人事担当者にとって、異動は適材適所の実現や人材開発の手段としてなじみ深いものでしょう。一方で代謝を考えてデザインしている企業はとても少ないようです。終身雇用と定年制という日本型雇用の前提が崩れつつある今、長期での先を見据えた打ち手が必要となってきます。人材マネジメントの方針として経営者と議論を進めておく必要があります。

管理職（マネジャー）の方へ

マネジャーにとって異動は大きな事件です。送り出す側であれば、戦力を手放すことになります。特定の人に依存せず組織を回す仕組みを考えておくこと、人材の排出を次組織や残されたメンバーの成長機会と捉えることが必要です。局所最適、短期最適とならないように気をつけましょう。また新しいメンバーを迎えるのであれば、組織開発の重要な機会です。これまでにない視点と関係性を組織の原動力に変えていきたいものです。

経営者の方へ

経営者にとって、異動と代謝は人材の全体最適をコントロールする重要な手段です。また次の経営幹部を育成するためには計画的な異動が欠かせません。しかし個人の働き方が重視される現代において会社都合のみの一方的な異動は困難になってきました。特に転勤を伴う場合は尚更です。そして終身雇用と定年制が崩れつつある中で、どうやって新しいリソースフローの形を指し示すかは、人材マネジメントの方針レベルの大きな課題です。

人材・人事業界の方へ

人材業界、特に採用領域のプロフェッショナルにとって、終身雇用の崩壊は大きなビジネスチャンスでもあります。高齢化が進み、第2第3のキャリアが当たり前となる中で、どのような人材の循環を日本に起こしていくべきか、考えて機会に変えていきましょう。

次のChapter8.では、人材開発について学びます。

	Q	A
061	そもそも異動を行う目的は何か？	適材適所、人材開発、幹部育成のため
062	異動がうまくいくポイントは？	働く人が希望していること。一人ひとりのキャリアを真剣に考え、丁寧に伝えること
063	異動の仕組みにはどんなものがある？	手上げ式の社内公募、適材適所の専門人事、人材開発会議など
064	なぜジョブ・ローテーションを行うのか？	幹部育成、部署間の連携、仕事の属人化防止のため
065	どんな性格の人が管理職に選ばれやすいのか？	社交的で臆せず意見を主張し革新的で思いきった決断をする性格の人が選ばれやすい
066	なぜ代謝（退職）まで設計しなければならないのか？	痛みを伴うリストラを避けるため。健全な新陳代謝を目指す
067	退職率をコントロールすることはできるのか？	「求心力」施策と「遠心力」施策を使い分ける
068	日本企業の代謝の特徴は？	終身雇用を前提として定年制が選択されている
069	これから終身雇用はどうなる？	限界を迎え、必要な自浄作用は働く人に委ねられていく
070	これからのリソースフローを考えるうえでのポイントは？	相互の信頼を積み上げる新しい個と組織の関係の中で、カラフルなプロが活躍する

関西で人事コンサルタントとして働いていた私は、ある日突然東京への転勤を命じられました。不本意でしたが断ることができず、妻と幼い娘たちを残して単身赴任の生活に。これまで信頼関係を築いてきた関西のクライアントたちとの別れは辛く「俺はこんなところで何をしてるんだろう?」と東京駅の真横にあるリクルート本社のビルを眺めてはため息をつく日々でした。そんなとき先輩に『浜プロ会』に連れていってもらったのです。浜プロ会とは『経営企画マネジャーの浜口さんと東京駅前のプロントで飲む会』の略でした。

初対面の浜口さんが「隔週の水曜、必ずここで飲んでるから、いつでも顔だして」と笑顔で言ってくれたことが、当時の私にとって心の支えになりました。安心してビールを飲み干したとき「ああ、自分は東京に居場所がないことが辛かったのだ」と気づきました。プロントに行けば歓迎してくれる仲間たちがいる。浜プロ会は私と会社をつなげてくれただけでなく、人間としての居場所を与えてくれたのです。

『のりおさん』こと柴田教夫さんは、リクルート社に入社して35年目。拡大し続ける同社の中でメンバーたちが孤独にならないよう「ナナメの関係」作りを促進している方です。その活動は毎朝社内をブラブラして「おはよう」と声をかけ続けること。彼を慕う人たちが開催する「のりおを囲む会」にはのべ千人以上が参加しているとのことです。

こういった浜口さんやのりおさんのされているような「緩やかなOFFのつながり」こそが異動・転勤者の適応支援に最も有効なのではないか、と思います。汎用的な人事施策ではないかもしれませんが、できることはあるはずです。私は職場で気になるメンバー、久しぶりに顔を見たメンバーを見かけると「最近どう?」と声をかけることを、SKD（最近どう）活動と名付けて流行らせたいと思っています。

Chapter 8.

人材開発発

Q 人材開発とは何か？

■ 企業が人材開発を行う意義

人材は退職することもあります。人材開発を行っても、そこに投下したコストを回収できない恐れは多分にあるわけです。それを承知の上で、企業はなぜ一人ひとりの成長に投資するのでしょうか？

それは成長機会が提供されない企業に、優秀な人材は集まらないからです。企業における人材開発とは、一人ひとりの成長に対して、企業が「意志を持って」行う投資のことです。

■ 人材マネジメント体系における 他要素との関係

人材マネジメントの体系図（**図表071**）によれば、人材開発は人事評価（Chapter 2）や異動配置（Chapter 7）と深く関係していることがわかります。人事評価結果によって人材開発の設計や手法は変わります。そして人材開発のために適切な異動配置が行われます。日本企業では特に計画的な異動配置であるジョブ・ローテーション（ツボ064参照）が重視されてきました。

■ 人材開発の目的

人材開発の目的の1つは人材が能力を身につけて経営戦略を達成することです。そのため経営戦略を実現するために必要な能力と、現在社員が持っている能力の「ギャップ」をニーズとして、そこを埋めるために人材開発施策を打ちます（これをニーズ・ドリブン・アプローチと呼びます）。

また、ギャップとして足りない能力に着目するではなく、自社の人材の「強み」に着目し伸ばすための人材開発施策を打ち、そこから新たな経営戦略を生み出すことが中長期的には非常に重要です（これをケイパビリティ・ドリブン・アプローチと呼びます）。

経営戦略を達成する人材を作る、そして経営戦略を生み出す人材を作る、これが人材開発の目的です。

次のツボ072では、人材開発で伸ばす「能力」について考えます。

100のツボ
071

図表071

人材開発と他の要素との関係

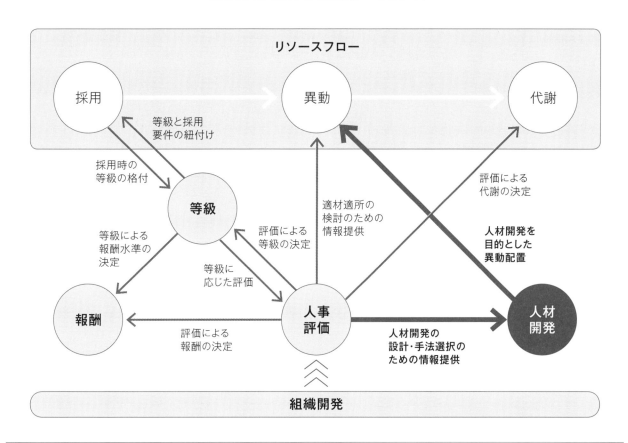

▶人材開発は英語でHRD（Human Resource Development）です　　HINT

Q どんな能力をどうやって開発するべきか？

1 0 0 の ツ ボ
072

■ 能力の定義

人材開発とは、経営戦略の達成に向けて、または経営戦略を生み出すために人材の「能力」を伸ばすものです（ツボ071参照）。ここでは能力にはどんなものがあるか考えてみましょう。能力には、どの企業にいっても通用する一般的な能力と、その企業でしか通用しない特殊能力の2つがあります。その企業で必要としている能力は、等級やジョブディスクリプションによって定義されます（Chapter 5参照）。一般的な能力については様々な定義がありますが、ここでは有名な「カッツ・モデル」「社会人基礎力」を紹介します（図表072）。

■ カッツ・モデル

アメリカの経営学者ロバート・L・カッツが提唱したマネジャーに必要とされる能力のモデルです。「コンセプチュアルスキル（概念化能力）」「ヒューマンスキル（対人関係能力）」「テクニカルスキル（業務遂行能力）」からなり、会社の経営を考えるトップマネジメントほど問題の核心を概念化するコンセプチュアルスキルが、現場の管理をするロアーマネジメントはテクニカルスキルが重要となっています。どの層であっても人間関係を保つためのヒューマンスキルは求められ、マネジャーには必須の能力であることがわかります。

■ 社会人基礎力

社会人基礎力は経済産業省が2006年に「職場や地域社会で多様な人々と仕事をしていくために必要な基礎的な力」として定義し、2017年にはライフステージの各段階で活躍し続ける力に進化させるため「人生100年時代の社会人基礎力」として再定義したものです。「目的」「学び」「統合」の3つの視点でバランスを図り、リフレクション（振り返り）しながら「前に踏み出す力」「考え抜く力」「チームで働く力」という3つの能力を高めていくというモデルです。カッツ・モデルと比較すると表現や難度は異なっていても「考える」「実行する」「人と協働する」という要素が共通しています。

■ 人材開発 3つの手法

人材開発の手法は3つあります。仕事の中で学ぶOJT（On the Job Training）、仕事を離れて学ぶOff-JT（Off the Job Training）、そして自発的に学ぶ自己啓発です。OJT、Off-JT、自己啓発の支援、それぞれを体系の中に有機的に位置付けて、相乗的に機能させることが重要です。

これからツボ073〜075で3つの手法を順に見ていきましょう。

考える・実行する・協働する能力を
OJT・Off-JT・自己啓発の支援によって開発する

図表072

能力の分類

マネジメント層に求められる能力（カッツ・モデル）

トップマネジメント（経営者層）

ミドルマネジメント（管理者層）

ロワーマネジメント（リーダー層）

コンセプチュアルスキル 概念化能力

ヒューマンスキル 対人関係能力

テクニカルスキル 業務遂行能力

人生100年時代の社会人基礎力（経済産業省）

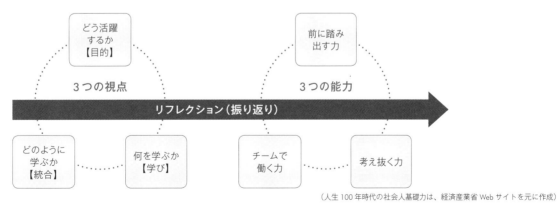

どう活躍するか【目的】

前に踏み出す力

3つの視点

3つの能力

リフレクション（振り返り）

どのように学ぶか【統合】

何を学ぶか【学び】

チームで働く力

考え抜く力

（人生100年時代の社会人基礎力は、経済産業省 Web サイトを元に作成）

▶企業という人の集団で働く以上、対人関係能力は常に求められます　HINT

Q OJTを効果的に行うには？

人材開発の手法のひとつOJT（On the Job Training）とは、上司や先輩から仕事を通じて学ぶことです。日本企業ではOJTを非常に重視してきました。そのメリットとデメリットを見てみましょう。

■OJTのメリット
○日々の仕事の中で行うため特別な費用がかからない。
○明文化しにくい生きた知識や細かなノウハウ、技能を経験させることができる。
○一人ひとりの能力や必要性に応じて教え方や内容を変えることができる。
○教えられる人だけでなく教える上司や先輩の成長の機会となる。
○現在の仕事に直結する能力が磨かれるため意欲が高まる。

OJTのメリットは上のとおりです。OJTは学習効果が大きいことがわかっています。そして仕事や課題にコミットした経験からは、たとえ課題に取り組んだ結果が失敗であったとしても、多くのことが学べるはずです。

■OJTのデメリット
△上司や先輩の持つ能力、技能あるいは教え方によってばらつきが生じる。
△上司や先輩に時間的余裕がない場合、行われない可能性がある。
△実践的な知識や技能に偏り、仕事の全体に関わる知識を得られない可能性がある。
△上司や先輩と本人との関係性によりOJTが効果的に機能するかどうかが変わる。

OJTのデメリットは上のとおりです。上司や先輩に知識がない、余裕がない、放ったらかし、で失敗となるのはよく見るケースです。

■OJTを効果的にするには？
学習効果が高いOJTの特徴を**図表073**にまとめました。

本人に与える仕事は「自分で決定できる」「チャレンジのバランスが良い」「有意義」なものであること、そして知識と意欲のある上司・先輩から「フィードバック」があることが何より重要です。

「権限を与え、自立させつつ任せること」によって人は育ちます。「やってみせ、言って聞かせて、させてみて、ほめてやらねば、人は動かじ」という山本五十六の有名な言葉がありますが、これがOJTの真髄ではないでしょうか。

次のツボ074ではOff-JTについて確認します。

図表073

効果的なOJT

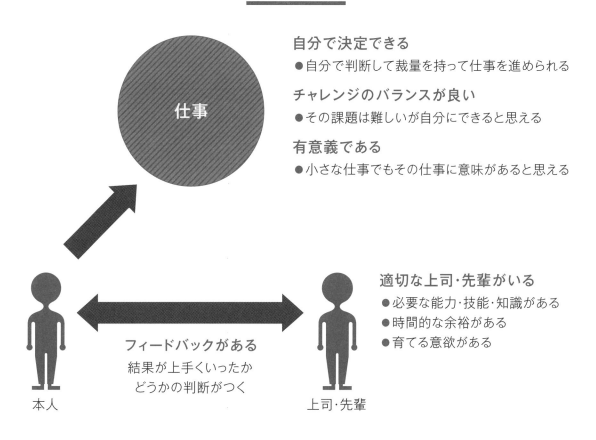

仕事

自分で決定できる
● 自分で判断して裁量を持って仕事を進められる

チャレンジのバランスが良い
● その課題は難しいが自分にできると思える

有意義である
● 小さな仕事でもその仕事に意味があると思える

適切な上司・先輩がいる
● 必要な能力・技能・知識がある
● 時間的な余裕がある
● 育てる意欲がある

フィードバックがある
結果が上手くいったか
どうかの判断がつく

本人

上司・先輩

▶ 上司や先輩との関係性がOJTの効果を左右するため「相性」も重要です　*HINT*

Q Off-JTにできることは？

Off-JT（Off the Job Training）とは仕事を離れて学ぶこと。OJTの補助的な位置付けとなる手法です。厚生労働省の平成30年度『能力開発基本調査』によると77.2%と多くの企業が実施しています

■ Off-JTの効用

忙しい中、業務から離れて時間を使うことは、企業にとっても働く人にとっても大きなコストです。そこに見合うだけの効果が求められます。Off-JTに期待される効果は以下の4つです。

①特定の層に共通して必要なことを一度に教えるため、効率的に人材開発ができる。

②入社や昇進など役割が変化した時に、意識的にリフレクションを行い、次の役割に向けた準備の機会となる。

③日常業務の中では習得できない理論や技法を体系的に学ぶことができる。多角的なものの見方を養うことができる。

④経験の共有や情報の交換ができて同僚との人間関係が形成される。

■ Off-JTの手法

Off-JTの手法には、通信教育やE-ラーニング、そしてOJTと組み合わせたアクション・ラーニングがありますが、最も標準的に行われてきたのは受講者が一堂に集まる「集合研修」です。日本企業においては、型や企業文化の伝承において同僚と集まる集合研修が大きな役割を担ってきました。

■ 研修体系

多くの日本企業には、階層による研修体系（図表074）があります。その中心となるのは一律の「階層別」研修（入社時の新人研修、課長や部長に昇進した時の新任研修など）です。そこに現場が主体となって行う「部門別」や「職能別」に必要な専門的知識などを学ぶための部門別研修、特定の人だけが選ばれて実施される「選抜型」の幹部候補研修、メニューから自由に受けたいものを選べる「選択型」のスキル研修（論理的思考・プレゼン手法等）などが組み合わさり研修体系を作っています。

次のツボ075では自己啓発について考えます。

OJTの機能を補完すること。同僚と集まる
「集合研修」によって型や企業文化を伝承する

図表074

研修体系の例

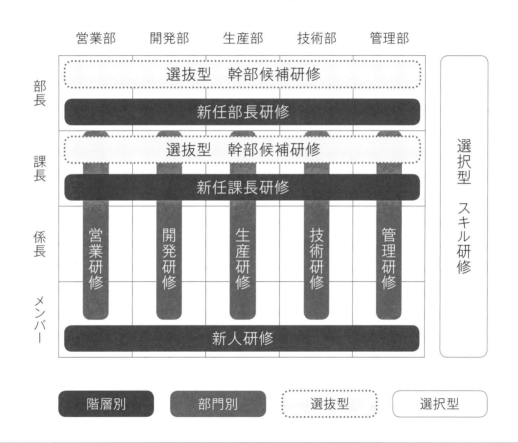

▶新型コロナウイルスの流行により集合研修代替のニーズが急速に高まりました　HINT

100のツボ
075

■働く個人の状況

自己啓発とは自ら学ぶことです。厚生労働省の平成28年度『能力開発基本調査』からその実態を読み取ってみると、調査の実施方法の問題もあるかも知れませんが、ここからは働く個人は自己啓発を「忙しいので、ほとんどやっていない」という結果でした。

自己啓発を行った正社員は45.8%、年間で10時間〜20時間（つまり月に平均して1時間強程度、1日平均にすると2分間強!）、テレビやインターネットや専門書などから自学・自習をしていることが多いとのことでした。正社員以外では21.6%とさらに下がります。暗澹たる結果になんども調査を読み返しましたが、残念ながらこれが現実のようです。

■自己啓発を行う上での問題点

さて、ではなぜ自己啓発を行うことができないのでしょうか？ 行う上で「問題がある」と感じている人は、正社員で78.4%、正社員以外70.3%。何らかの問題があって自己啓発を行っていないようです。その問題点として最も多い回答は、正社員、正社員以外ともに「仕事が忙しくて自己啓発の余裕がない」（正社員：59.3%、正社員以外：39.4%）でした。

忙しくて余裕がないから自己啓発は行えないという状況のようです。

■企業の自己啓発支援の状況

では次に、企業は自己啓発に対してどんな支援を行っているのでしょうか？ 同調査によれば、過去3年で支援実績がない企業が半数以上でした。多くの企業はそもそも支援をしていないというのが実態です。支援施策を行っている企業の多くは「受講料などの金銭的援助」でした。1人あたり1年平均5千円を支援しています。

■企業にできることは何か？

社員は「忙しくて余裕がない」、企業は「1年に5千円程度の金銭的援助を行っている」。そんな中で自らの意志で学ぶ「自己啓発」が当たり前の風土を作るためにできることはなんでしょうか？ それは「①学ぶ習慣のある人を採用する」「②学びあう場を促進する」この2つです **(図表075)**。職場の仲間たちが当然のように自己啓発を行っていることで「自分もやろう」と思う、お互いに刺激を与えあう、そんな環境を作ることはできるはずです。特に影響力のあるリーダー（上司）が率先し促進することはとても重要です。

次のツボ076と077ではリーダー育成について考えます。

図表075

自己啓発が当たり前の風土

2
学びあう場を促進する

上司など影響力のある人

- 率先して学んでいる
- 最低限邪魔しない
- 「業務と関係ない」「そんなことしている暇があるのか」などと言わない

学びの場を企画する人

- 意図的に仕掛ける
- 「こうすれば楽しいんだ」と周囲に思わせる

会社のサポート

- 自主的な勉強会などを行いやすくする場所の提供など自然な形でサポートする
- 企画している人にフォーカスして社内広報、社外広報、報奨制度などを使って会社が「応援している」「もっとやって欲しいと思っている」と伝える

1
学ぶ習慣のある人を
採用する

▶多くの人が自ら学ばない社会では、学びあう文化が企業の強みになります　H I N T

人材開発においては「リーダーの育成」「リーダーシップ開発」が常に注力点となります。「Works人材マネジメント調査2017」によれば企業の人事課題の第1位は「次世代リーダーの育成」です。

■ リーダーとリーダーシップ

まずは混同しやすいリーダーとリーダーシップという言葉について確認しましょう。リーダーとは正しいゴールを「指し示す」役割のことです。そしてリーダーシップとは「影響力」という能力のことです。リーダーがふと後ろを振り向いたときに皆が指し示した方向についてきている、それが「影響力」が発揮されている状態です。

■ リーダーシップに必要な機能

社会心理学者三隅二不二のPM理論によればリーダーシップに必要な機能は大きく2つ「仕事の目標を達成する」P機能と「チームを束ね関係を良好に保つ」M機能です。

リクルート社はそこから実証研究を進め、リーダーの「要望性」「通意性」「共感性」「信頼性」が高いと「部下が感じている」チームは業績が高いことを突き止めています。興味深いことに、上司の自己認知と業績には関連が見られませんでした。つまりリーダーが自分には影響力があると思っていても、実際の業績には影響がないのです。

近年Google社も同様の実証研究を行っています（プロジェクトオキシジェン）。データ分析から特定の行動をとっているマネジャーの元では部下の離職率が低いことが発表されています **(図表076)**。

日本の経営者に人気のある日本軍元帥山本五十六の格言「やってみせ、言って聞かせて、させてみて、ほめてやらねば、人は動かじ。話し合い、耳を傾け、承認し、任せてやらねば、人は育たず。やっている、姿を感謝で見守って、信頼せねば、人は実らず」には実証されたリーダーシップ機能の全てが内包されています。

■ リーダーシップの測定

リーダーシップは測定することができます。リーダー本人、上司、部下、同僚にアンケートを配り、その人が必要な「行動」をとっているかどうかを答えてもらいます。ここで一番重要なのは前出のとおり部下の回答結果です。リーダーからの影響を直接受けている部下の「心理的事実」こそがリーダーシップの実像そのものです。

一般的な傾向として、リーダー本人のアンケート得点は部下の得点を上回ります。リーダー自身が思っているほどの影響力はない、その厳しい現実を受け止めるところから「リーダー育成」「リーダーシップ開発」はスタートします。

次のツボ077ではリーダーシップの伸ばし方、その方法について考えます。

100 の ツ ボ
076

リーダーは「指し示す」役割のこと、
リーダーシップは「影響力」という能力

図表076

各研究・理論におけるリーダーシップの機能

各研究・理論におけるリーダーシップの機能

研究・理論	リーダーシップの機能			
PM理論 1969, 三隅二不二	**Performance** 目標達成機能		**Maintenance** 集団維持機能	
リーダーシップ四機能論 1971, リクルート社	**要望性** 指示を与える 生産性を高める	**通意性** 必要な情報を 十分に提供する	**共感性** 支持を与える 部下を受容する	**信頼性** 能力的、人間的 に信任に値する
プロジェクト オキシジェン 2008, Google社	生産的で成果志向である	良いコーチである	ある程度部下に任せ、細かい管理をしない	コミュニケーションをよくとりチームの意見に耳を傾ける
	チームのために明確なビジョンと戦略を持っている	部下にアドバイスできる重要な技術的スキルを持っている	部下のキャリア開発を支援する	部下の成功と幸せを気にかけていることを態度で示す

▶ 指し示した方向へ誰かが動いてくれることをリーダーシップと呼びます　*HINT*

Q リーダーシップを伸ばすためには？

■ 経験からの学習

リーダーシップ育成には「経験からの学習」が最も重要です。米国ロミンガー社の調査によれば、リーダーシップがうまく発揮できている経営幹部は「70%が自らの経験、20%が上司からのアドバイス（薫陶）、10%が研修や本を読む等」が成長のためになったと答えています（721の法則）。

■ 成長を促す経験の種類

国際的なリーダー育成機関センター・フォー・クリエイティブ・リーダーシップ（以下CCL）はリーダーの成長を促す「経験の種類」と、経験からの学習を最大化するために「必要な要素」を明らかにしました（図表077）。

リーダーの成長を促す経験とは「仕事の割り当て」「人間関係」そして「修羅場」です。異動など仕事の割り当ては、意図的にチャレンジを引き出す経験であるとともに、その仕事を任せられること自体が自信と動機付けを与えるものでもあります。成長を促す人間関係は仕事の上司などに限らず社外の友人や家族から重要な学習がもたらされることもあります。近年活用されているコーチングやメンタリングはこの人間関係を意図的に設定するものと言えます。修羅場とは予期せず直面する逆境のことです。意図することができないこと、非常に強い喪失感を伴うことが特徴です。「自分は何か間違っていたのだろうか?」という人生

レベルでの深い内省を引き起こします。

■ 成長を促す経験に必要な要素

経験に含むべき要素は「アセスメント」「チャレンジ」「サポート」の3つです。

アセスメントの要素とは、自分の現在の状況において、何ができていて何ができていないのかを知るデータのことです。人事評価や360度フィードバックだけではなく顧客の声や同僚からの指摘、上司からの指摘なども含まれます。経験の中にアセスメントの要素があることで、自分に変化が必要であることが分かり、現在の自分と望ましい自分とのギャップを埋めたいという気持ちが湧きます（認知的不協和の理論）。

チャレンジの要素とは、これまでのやり方で通用する居心地の良い場所（コンフォートゾーン）から一歩踏み出すことです。未経験の課題や強いプレッシャーを伴う課題に直面して不安定な状態となったとき、これまでのやり方を捨て、新しい能力を身につけざるを得ない状況になります。

サポートの要素とは、心の支えとなる励ましや承認のことです。経験にこの要素が含まれることで、自分には乗り切る力があり、成長できるという前向きな姿勢を維持することができます。

次のツボ078ではリーダーが部下を育成する方法を考えていきましょう。

図表077
成長を促す経験の種類と必要な要素

成長を促す経験の種類

仕事の割り当て
- 異動
- 変化を生み出す
- 高レベルの責任
- 権限外での影響力
- 障害物

人間関係
- 上司
- 同僚
- 部下
- 家族
- 友人

修羅場
- 業務上の間違いや失敗
- キャリアにおける挫折
- 個人的な深い心の痛手
- 問題のある従業員
- 人員削減

成長を促す経験に必要な要素

アセスメント
現状の自分を知るデータ
- 人事評価
- 360度フィードバック
- 顧客の反応
- 同僚からの指摘
- 上司からの注意

チャレンジ
コンフォートゾーンを出る
- 未経験の課題
- 強いプレッシャーを伴う課題

サポート
前向きな姿勢を維持する
- 心の支え
- 励まし
- 承認

（C・D・マッコーレイ / R・S・モクスレイ / E・V・ヴェルサ『リーダーシップ開発ハンドブック』を元に作成）

▶修羅場はリーダーシップが育まれるチャンスでもあるのです　HINT

Q 失敗しない部下育成の方法は？

■部下育成はなぜ失敗するのか？

部下育成は多くの上司が抱える悩みです。「最近の新人は扱いが分からない」「真面目な中堅メンバーは多いが一皮剥けてくれない」「自分の仕事の成果は上げるが後輩を育ててくれないベテランに困っている」「年上の部下が言うことを聞いてくれない」。これらの失敗には実は共通点があります。それは部下の「成長段階」に育成方法がフィットしていない、ということです。

100のツボ
078

■「トランジション・デザイン・モデル」

山田直人・木越智彰・本杉健『部下育成の教科書』によれば、うまくいっている上司は部下の「成長段階」によって仕事の任せ方、経験の積ませ方、仕事のプロセスでの関わり方を意図的にデザインしています。多くの企業を調査した結果、業種や職種を超えて「普遍的」な成長段階があることがわかりました（図表078）。興味深いのは、各成長段階は、必ず一段階ずつ上がるということです。業種や職種、そして部下の能力によって各段階に必要な期間は異なります。しかし短期間で駆け抜けることはあっても、飛び越えることはありません。成長は一足飛びにいかないようです。

■仕事の割り当て・評価・支援

成長段階に合わせて、仕事を割り当て、評価し、支援を変えていくことが、部下育成において最も重要です。そのためには、その部下にどのような「役割」を期待しているのか、そして成長を促進させるためにはどのような「経験」をすればよいかを考えていきましょう。

例えば図表078における「プレイヤー」の役割を期待している部下が、自分で物事を進めることは得意だが周囲に相談し協力を得ることが苦手であったとします。プレイヤーとして「ひとり立ち」するためには、今回のプロジェクトで自ら周囲の支援を得る経験を積んでほしいと伝えます。業務内容だけではなくその仕事に取り組む「意義」を与えるのです。その仕事においては人事評価の側面でもプロジェクトの成果だけではなく「周囲を巻き込めたか」を重点的に確認します。また、その部下が苦手とする周囲の巻き込みに取り組むために、事前に根回しをする、1on1で進捗を確認してアドバイスし、勇気付けるといった支援を行います。やり遂げた後には、本人も上司もプレイヤーとしての成長を実感していることでしょう。

トランジション・デザイン・モデルを等級設計に活用することは非常に有効です。部下の成長段階を捉え仕事をデザインするための基準が等級（Chapter 5）だからです。

次のツボ079では、日本企業の人材開発の特徴について確認します。

図表078

トランジション・デザイン・モデル

期待される役割の種類

リーディングプレイヤー
組織業績と周囲メンバーを牽引する(主力)
- 高い個人目標を達成することで組織業績を牽引する
- 組織運営について、上司と意見を交わす
- 組織運営の意図をつかみ周囲に伝え、浸透させる
- メンバーの力を高めながら仕事を前に進める
- メンバー同士の交流をはかり関係性を強化する

メインプレイヤー
創意工夫を凝らし自らの目標を達成する(一人前)
- 自らの目標を達成することで、組織業績に貢献する
- 様々な業務に精通し、専門性を高めて業務に生かす
- 道筋や段取り、巻き込む相手を自らデザインする
- 自分より経験の浅いメンバーの相談に乗る、面倒をみる
- 既存のノウハウに創意工夫を加え周囲にも共有する

プレイヤー
任された仕事を一つひとつやりきりながら力を高める(ひとり立ち)
- 周囲の指導を仰ぎながら、任された仕事を責任をもって、最後までやりきる
- 相談できる関係者を増やし、円滑に業務を進める
- 自分の意見や仕事の状況を率直に伝え、得たアドバイスを業務に生かす
- 未経験の仕事や、接点の少なかった相手と関わることで仕事の領域を広げる
- 教えられたことを覚えるとともに、少しずつ自分で考えた工夫を試す

スターター
ビジネスの基本を身につけ組織の一員となる(社会人)
- 社会や会社の一員としての姿勢や行動、仕事の仕方を身につける
- 自分の関わる仕事の全体像をつかみ、後工程や顧客のことを考えて行動する
- 周囲からのアドバイスや指摘を真摯に受け止め、行動を変えていく
- 初めてのことや初対面の相手に尻込みせず、何事からも学ぼうとする
- 新鮮な視点から仕事や職場についての違和感や疑問を率直に出し、周囲に影響を与える

(山田直人・木越智彰・本杉健『部下育成の教科書』を元に作成)

▶部下の成長段階を見極め、それに応じて関わり方を変えていきましょう　HINT

Q 日本型人材開発のメリットとデメリットは？

100 の ツ ボ
079

■日本企業の人材開発の特徴

多くの日本企業では、ポスト可変契約（ツボ009参照）を前提として、人事部が主導するジョブ・ローテーション（ツボ064参照）によって人材開発が行われてきました。世界の各国に比べるとかなり独特です。特徴をあげてみましょう。

- 管理職層育成や技術教育も含めて、企業が主体となって幅広く人材開発を行う。人事部門が強い権限を持っている。他国であればどういったトレーニングを受けるかは個人、あるいはライン（部門）で決めることが多い。
- 縦軸が組織階層、横軸が教育内容の箱型育成体系で、階層別に整然と教育内容が区分されている（ツボ074参照）。他国ではトレーニングコースのリストがあるのみである。
- ローテーションをスムーズにするため、同じ階層（等級）の従業員には同じ教育を行う。
（須田敏子『HRMマスターコース　人事スペシャリスト養成講座』をもとに一部変更して記載）

■日本型人材開発のメリット

この方法の最大のメリットはシームレスな育成です。職務に縛られないため、①できそうなものを集めて任せる、②習熟に応じてタスクを改編する、③キャリア形成を考え配転する、と自由自在に仕事を組み替え、未経験者であっても仕事を通じてスムーズにステップアップしていくことができます。

成長段階に合わせて仕事を割り当てることは、部下育成の原理原則（ツボ078参照）です。ポスト固定契約の欧米はポストを超えた仕事を割り当てたり、会社の意向で異動させたりすることが難しく苦戦しています。そう考えると、日本企業は人材開発において有利であると言えます。

■日本型人材開発のデメリット

一方でデメリットは、身に付く技能がその企業の個別性が強いものになってしまい転職が困難になること、仕事に慣れるともう少し難しい仕事に移されるため、いつも背伸びをして仕事をする必要があり長時間労働が前提になってしまうことです。

メリットの多い日本型人材開発ですが、多様な働き方が求められる現代ではデメリットが致命的となってきました。さらにポスト可変契約の前提である終身雇用は限界を迎えつつあり（ツボ069参照）、各企業は新しい形を模索しています。

次のツボ080ではこれからの人材開発の形を考えます。

図表079

人材開発におけるポスト可変型契約とポスト固定契約の違い

日本企業
ポスト可変契約

「会社」という大きな器に入る
配転・異動は会社の意のまま

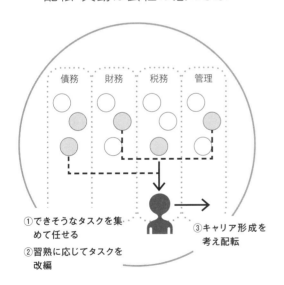

①できそうなタスクを集
めて任せる

②習熟に応じてタスクを
改編

③キャリア形成を
考え配転

欧米企業
ポスト固定契約

会社内の1つの「ポスト」に入る
勝手に他職・他地域へ異動させられない

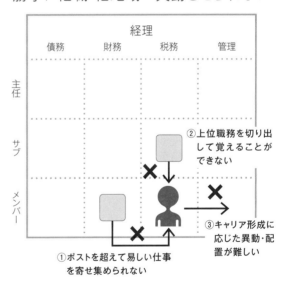

②上位職務を切り出
して覚えることが
できない

①ポストを超えて易しい仕事
を寄せ集められない

③キャリア形成に
応じた異動・配
置が難しい

（海老原嗣生 / 荻野進介『人事の成り立ち』を元に作成）

▶人材開発の主体者は日本企業では人事部門ですが、他国では個人や部門です　HINT

■ リーダーシップ開発の原理原則は変わらない

　1971年、リクルート社は管理職のリーダーシップ開発を目的とした研修「LDP（リーダーシップ・デベロップメント・プログラム）」を開発しました。部下・周囲の同僚・上司からのアンケートをとり、その結果を巡って数日間のグループ体験を行います。他者認知を捉えることで、自己変革の動機づけを行い、行動変容を促す内容です。現代では360度評価は一般的ですが、当時「部下が上司を評価する」なんてことはあり得なかったため、大きなインパクトを持って多くの企業に導入されました。リクルート自体でもLDPは実施され続け、創業者江副浩正は「LDPこそがリクルートの強さの源泉である」と言い切り、自身のアンケート結果を社員に開示し「自分はここが弱くて課題なのだ」と赤裸々に話していたそうです。興味深いことに、それから40年経ってGoogle社が始めたマネジャーに関する調査と育成の取り組みであるプロジェクトオキシジェン（『グーグルは組織をデータで変える　DIAMONDハーバード・ビジネス・レビュー論文』）は、マネジャーに部下からのアンケート結果（満足度）を伝え、その内容をもとに育成を行うLDPと同じ内容でした。違う時代、違う国、違う状況で、日本軍元帥山本五十六もPM理論もリクルートもGoogleもリーダーシップを伸ばす本質は同じだと捉え、同じ方法を開発しています（ツボ076参照）。リーダーシップを伸

ばす原理原則は普遍的だと言えそうです。

■ 成長するための経験をどう与えるか

　人材開発全体で考えてみましょう。未来に向けての論点は2つあります。それはどうやって「成長するための経験」を与えるか、そして一人ひとりの「学びを最大」にするか、です。「経験学習モデル」（図表080）はそのヒントになります。

　多様な働き方が推進される中で、経験を選択する主体者が企業から働く人にスライドしはじめています。企業は等級と目標設定（MBO）で成長の方向を示して本人とすり合わせ、成長の機会を「双発的」にデザインすることが求められていきます。そして実際の経験の「代理」としてOff-JTの重要性がさらに増すことが予想されます。

■ 学びを最大化する方法は進化していく

　1on1やコーチングなど各種アセスメントをはじめとして、経験から気づきを得て一人ひとりの「学びを最大」にする方法が確立されてきています。これからAIなど技術の進歩によってこの分野は大きく進展が見られることでしょう。その中では多くの流行り廃りが起こりますが、手法や実例に飛びつかず「経験からの学びを最大化する」という本質を外さない姿勢が、企業には求められます。

図表080
コルブの経験学習モデル

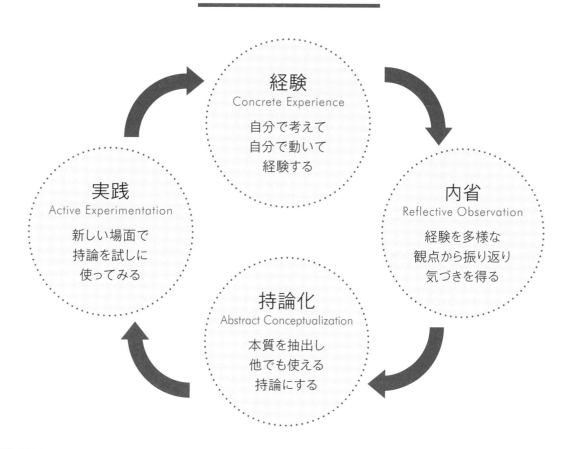

経験
Concrete Experience

自分で考えて
自分で動いて
経験する

内省
Reflective Observation

経験を多様な
観点から振り返り
気づきを得る

持論化
Abstract Conceptualization

本質を抽出し
他でも使える
持論にする

実践
Active Experimentation

新しい場面で
持論を試しに
使ってみる

▶経験学習のサイクルを回す効果的な支援方法のひとつが1on1です　HINT

4 社 の 実 例

4社の「人材開発」の特徴を取り上げます。

実例1. サイボウズ社
「型にはめた『教育』を行わない」

ベンチャー中小・流動排出タイプのサイボウズ社では、「会社が育って欲しいように育つことを望む」という意味での人材開発、型にはめた「教育」を行いません。「自分で選択して、自分で責任をもつ」こと、つまり「自立」ができればどう育ってもその人の自由だと考えているためです。「自分は週3日勤務で趣味を大切にする生活をしたい。その分、仕事の面での成長はゆっくりでいい」というならそれでOKです。自分で選んだことをやり、その結果に責任をもつことを推奨しています。ただし申請の必要がない「複業」や、退職後も復職できる「育自分休暇」によって、結果的に成長していることは多いと捉えています。

実例2. アカツキ社
「未経験者を育成し輩出する『CAPS』」

ベンチャー中小・長期育成タイプのアカツキ社では、組織ビジョン「成長とつながり」をもとに人材開発を進めています。「成長」は主に現場主導の抜擢（Chapter 7の実例参照）とOJTで促進されています。その中でも象徴的な部署がCAPSです。CAPSはゲームのバグ検証やCX / CS業務を通じて「顧客とプロダクトの満足度最大化」を追求する「人材輩出」チームです。ゲーム制作の「登竜門」を謳っており、未経験でも熱量が高いメンバーを積極的に採用して、段階的な育成体系に基づくOJTの中で次世代のクリエイターを育成しています。

そして会社は主に「つながり」を支援します。全社合宿、トレーナーのマッチング、入社者の適応支援などを行っています。

実例3. リクルート社
「『成長する機会』を提供する」

グローバル大手・流動排出タイプのリクルート社では、企業が成長させてくれるのではなく、自分自身の力で成長することが前提です。そのため人材開発とは「成長する機会を提供する」ことを意味します。機会として「選択型」研修（ロジカルシンキング、マーケティング、アカウンティング等のスキル開発）やGLOBA（世界有名ビジネススクール教授やシリコンバレーの投資家などから学ぶ社内向けセミナー）が用意されており、任意で受講できます。また自らの成長を支援するためのツールとして、一人ひとりの主体的な想いを目標に結びつける「Will Can Mustシート」や自身の強み・弱みを自覚する360度サーベイ「PVA」

などが整備されています。

実例4.トヨタ社
「人材育成の基本は『職場』にある」

　グローバル大手・長期育成タイプのトヨタ社では、人材育成の基本はあくまで「職場」にあり、OJTこそが何より重要であると考えます。日々の業務を通じて、上司や先輩から指導を受け、また部下や後輩を指導する「教え、教えられる関係」を築くことにより多くを学び成長することができるのです。そして社員が成長を望んだとき、会社がその情熱を真正面から受け止めることができる環境を用意しておくことが、人材育成の基盤だと考えています。人事制度を通じて部下の能力・成果を適切に評価し、上司からフィードバックを行うことにより、個人能力の向上を支援する、そしてOJTを補完するために、OFF-JTとして様々な研修を実施します。

　流動排出タイプの2社は人材開発の主体は「自分」であると考えています。長期育成タイプの2社は人材開発の主体は「職場・チーム」だと考えています。グローバル大手タイプの2社は、成長の「機会」を整備し提供しています。

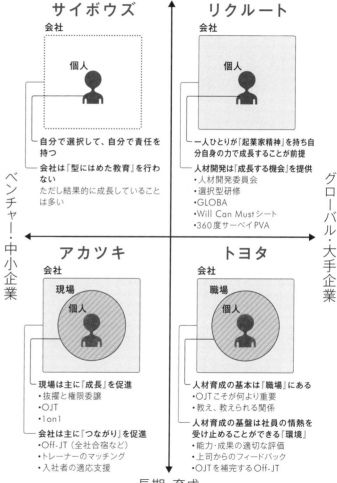

人材開発の特徴

流動・排出

サイボウズ
会社
個人
- 自分で選択して、自分で責任を持つ
- 会社は『型にはめた教育』を行わない
  ただし結果的に成長していることは多い

リクルート
会社
個人
- 一人ひとりが『起業家精神』を持ち自分自身の力で成長することが前提
- 人材開発は『成長する機会』を提供
  ・人材開発委員会
  ・選択型研修
  ・GLOBA
  ・Will Can Must シート
  ・360度サーベイPVA

ベンチャー・中小企業　　　　　　グローバル・大手企業

アカツキ
会社
現場
個人
- 現場は主に『成長』を促進
  ・抜擢と権限委譲
  ・OJT
  ・1on1
- 会社は主に『つながり』を促進
  ・Off-JT（全社合宿など）
  ・トレーナーのマッチング
  ・入社者の適応支援

トヨタ
会社
職場
個人
- 人材育成の基本は『職場』にある
  ・OJTこそが何より重要
  ・教え、教えられる関係
- 人材育成の基盤は社員の情熱を受け止めることができる『環境』
  ・能力・成果の適切な評価
  ・上司からのフィードバック
  ・OJTを補完するOff-JT

長期・育成

ま と め

Chapter8.のまとめとしてツボ071〜080のQ＆Aを一覧としています（右表）。

また、人事担当者、管理職（マネジャー）、経営者、人材・人事業界の方それぞれに向けてこの「人材開発」でお伝えしたいメッセージを記載しています。

人事担当者の方へ

人事担当者は、人材開発とは集合研修のことだと思ってしまいがちです。しかしOff-JTは成長の要因のうち1割でしかありません。どの層（対象者）に、どんな能力を身につけてもらうべきなのか、そしてそのための手法は何がベストなのか、全体像を俯瞰して設計する力を身につけていきましょう。

管理職（マネジャー）の方へ

マネジャーは部下一人ひとりの成長段階に応じて仕事を割り当て、評価し、支援し続けることが必要です。しかし短期業績の責任を負う現場マネジャーにとって、目の前の業務に役立つスキル開発ならまだしも、中長期の人材開発は重い課題となってしまいます。その成長を感じられた時の喜びは格別ですが、困難を感じることも多々あるでしょう。そんな時は、360度フィードバックなどご自身へのアセスメントにこそ乗り越えるヒントがあります。特に部下の声に着目してみてください。

経営者の方へ

経営者にとって人材開発は「意志」を持って行うべき投資です。ＧＥ社では人材開発施策に毎年10億ドル（約1千億円）をかけていますが、ROI（投資対効果）に左右されない「信念の領域」として実施しているそうです。自社の将来を作るのは次の世代の人材たち。期待と希望を語り、しっかり育てていってください。

人材・人事業界の方へ

人材開発は、流行り廃りが激しく同じ概念が少しだけ表面を変えて、目新しい別の名前で着目されることも多いようです。ビジネスチャンスに溢れているとも言えるのですが、顧客のために本質を見極め「不易流行」のサービスをしていきましょう。

次のChapter9.では組織開発について学びます。

	Q	A
071	人材開発とは何か？	一人ひとりの成長に対して企業が意志を持って行う投資
072	どんな能力をどうやって開発するべきか？	考える・実行する・協働する能力をOJT・Off-JT・自己啓発の支援によって開発する
073	OJTを効果的に行うには？	知識と意欲のある上司・先輩がフィードバックを行う
074	Off-JTにできることは？	OJTの機能を補完すること。同僚と集まる「集合研修」によって型や企業文化を伝承する
075	自らの意志で学ぶ環境を作るには？	学ぶ習慣のある人を採用する、学びあう場を促進する
076	リーダーとリーダーシップの違いとは何か？	リーダーは「指し示す」役割のこと、リーダーシップは「影響力」という能力
077	リーダーシップを伸ばすためには？	アセスメント・チャレンジ・サポートを含んだ経験から学習する
078	失敗しない部下育成の方法は？	成長段階に合わせて仕事の割り当て・評価・支援を変える
079	日本型人材開発のメリットとデメリットは？	メリットはシームレスな育成、デメリットは身に付く技能がその企業の個別性が強いものになってしまうこと
080	これからの人材開発を考えるうえでのポイントは？	一人ひとりの「経験からの学び」を最大にする方法が模索されていく

企業で人材開発の仕事をしていて悩ましいのは「主体的に学ぶ」姿勢をわかってもらうことの難しさです。

20歳代後半のころ、中小企業診断士という資格を取得するために社会人向けの専門学校に通ったことがありました。私のいたクラスは50名程度でしたが、ほとんどの方は会社から学費補助を受け、費用負担なしで受講しているとのことでした。

私も補助を受けることができたのですが、「自腹を切って自分のお金で勉強しないと身にならないよ」と姉から強く勧められ、数十万円の学費をなけなしの貯金から（泣く泣く）支払っていました。

驚いたことに、受講者の多くはいつも机に突っ伏して寝ていました。平日の夜、そして土日の授業のため、日々の疲れもあったのかもしれません。私は「大金を払ったのだから、ちゃんと元を取らねば！」という思いから必死に授業に取り組みました。1年後、そのクラスで中小企業診断士試験に合格したのは私1人だけでした。

自己啓発に対して会社が闇雲に「金額補助制度」で援助をしてもうまく機能していないことが、よくわかる出来事でした。このクラスの受講者も初めは学ぶ意欲があったはずです。しかし人というものはそんなに強くなれないのかもしれません。「人は生まれながらに善だが、弱くもある」のです。私も会社の補助を使っていたら他の方と同じように寝てしまって、不合格になっていたのではないでしょうか。

これから何か学ぼうという方には「自腹」を切ることを強くお勧めします。また企業人事の方には「合格した場合のみ補助金」を払う仕組みをお勧めしておきます。

Column 08
自腹を切る効果

組織開発発

Chapter 9.

■ 組織開発とは何か？

Chapter 9は組織開発（Organization Development 略称OD）について考えます。

さて組織開発とは何でしょうか？ Chapter 8で扱った人材開発とはどう違うのでしょう。

実は人材開発と組織開発の領域は大きく重なっており、特に日本では意識しないままに組織開発的な取り組みが行われていることも多く、あまり区別はつけられていないと言えます。私も人材開発と何が違うのか、はじめはよく分からず「組織開発」という単語が出るたびに混乱していました。そこで領域を体系化し意識的に取り出して学ぶことに意味があると考え章を立てました（図表081参照）。

■ 組織開発の定義

まずはその定義を見てみましょう。組織開発は1950年代後半にアメリカで発祥しました。リチャード・ベッカード、ワーリック、エドガー・シャインなどが定義していますが、それらに共通しているのは「行動科学を応用する」「組織内のプロセスを変革する」「組織の効果性を高める計画的な取り組み」の3点です。

「行動科学（behavioral science）」とは、人間の行動を科学的に研究しその法則性を解明しようとする学問です（心理学、社会学、人類学、精神医学などが含まれます）。組織開発ではこれを応用して用います。特に人と人の間のコミュニケーションや意志決定のメカニズムに焦点を当てています。

「組織内のプロセスの変革」とは、過程や工程を変えて効果を高めることです。代表的な例としてはトヨタ社の「かんばん方式」があります。部品に関する情報を表した「かんばん」を用いて、何が使われたかを相手に伝わるように工程を変えたことで、生産効率が大きく向上しました。

最後に組織開発は「組織の効果性を高める効果的な取り組み」です。人材マネジメントの目的は「人を生かすことで組織の中長期の成果をあげること」ですので、組織開発も目指す目的は同じであると言えそうです。

■ 人材開発と組織開発の違い

さて、では人材開発と組織開発の違いはなんでしょうか？ 人材開発では「人」の能力が開発する対象（Chapter 8）でしたが、組織開発では人と人の間にある「関係性」や「プロセス」が開発する対象です。ここが大きく異なります。

次のツボ082では、組織開発とよく似た概念である「チェンジ・マネジメント」と比較することで「組織開発」の特徴を捉えてみます。

図表081

人材マネジメント全体に関わる組織開発

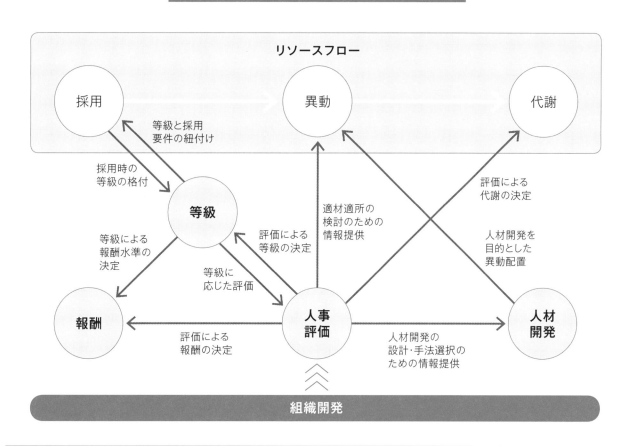

▶人材開発は「人」に、組織開発は人と人の間「人間」にアプローチします　HINT

組織開発の特徴を掴むために、よく似た概念であるチェンジ・マネジメントとの違いをアメリカの研究者マーシャクの論を参考に考えます。

■ チェンジ・マネジメントとは何か？

チェンジ・マネジメントとは、1990年代から大手のコンサルタント、マッキンゼーやボストンコンサルティングなどが行ってきた組織を変革する方法です。大規模な変革計画をトップダウンで作りながら、メンバーを巻き込みプロセスに働きかけるアプローチで、組織開発の定義（ツボ081参照）に照らしても似ていることがわかります。

■ チェンジ・マネジメントと組織開発の違い

どちらもプロセスに働きかけて成果を目指しますが、チェンジ・マネジメントはあくまでも成果を強調し、経済的な価値を尊重します。組織開発ではプロセスを強調し、どのように進めていくか、そして人と人との間に何が起こっているのかに着目し、人間的な価値を尊重します。

進め方としては、チェンジ・マネジメントでは基本的に少数派の人たちが作って進めていきます（エリート・プロセス）。一方、組織開発では、できるだけ多くの人に参加を促し、決定する時にも多くの人が関与できるようにして進めていきます（パーティシペイトリー・プロセス）。

変革におけるマネジメントのスタイルにも違い

があります。チェンジ・マネジメントでは方向を示唆して、ディレクティングしますが、組織開発ではファシリテーションやコーチングによって当事者がどのようにしていくか、どのように変革に取り組むべきか、そのプロセスを支援します。

■ 組織開発の特徴

成果よりもプロセスをどのように進めるか、人と人の間に何が起こっているかに着目し、多くの人に参加を促し、当事者主体である。チェンジ・マネジメントと比較することで組織開発の特徴が見えてきました。

言葉だけを見るととても理想的に見えますが、実際にはトップダウン・少人数で成果を追いかけた方が効果的であることもあるでしょう。速く確実であるため大手コンサルティング会社がその手法を磨いてきたのがチェンジ・マネジメントであるからです。

組織開発的なアプローチを選択するということは、大人数を巻き込んで当事者が旗を持つという困難な壁を乗り越え、人間関係という複雑な対象に取り組み続けるということです。そのためには、経営と組織開発を担当する人に覚悟と知識が必要です。

次のツボ083では、その組織開発を誰がどのように行うのかを考えます。

組織開発はプロセス・人間関係を重視した当事者主体の取り組み

図表082

チェンジ・マネジメントと組織開発の違い

チェンジマネジメント　　　　　　　　　　　組織開発

成果を強調する	⟷	**プロセスを強調する** 進め方・人と人の間に起こること
経済的な価値を尊重する	⟷	**人間的な価値を尊重する**
エリート・プロセス 少人数で進める	⟷	**パーティシペイトリー・プロセス** 多くの人に参加を促し、 決定にも関わってもらう
ディレクティング 方向づけを行う	⟷	**当事者主体** ファシリテーションとコーチングで 当事者のプロセスを支援する

(『戦略パートナー / チェンジ・エージェントとしての人事部が取り組む組織開発』(2014、経営行動科学第 27 巻第 1 号) を元に作成)

▶組織開発を知るには、組織開発では「ない」ものとの差を知ることが有効です　　HINT

■ 組織開発の手法

組織開発の手法を見ていきましょう。以下はアメリカの大学院でよく教科書として使われている『Organization Development & Change』（Cummings & Worley, 2009）による分類です。

1. ヒューマンプロセス（人と人の間）への働きかけ：コミュニケーション、人間関係、風土の問題を様々な手法で解決する。プロセス・コンサルテーション、チーム・ビルディングなど。
2. 人材マネジメントによる働きかけ：狭義での人材マネジメント（Human Resource Management）。目標設定、評価などを通じて組織開発を行う。
3. 技術・構造的働きかけ：仕事のやり方、組織のデザインに対して働きかける。
4. 戦略的働きかけ：戦略的な変革、合併、提携など、ビジョンと戦略を明確にして働きかける。

■ 組織開発を担当する部門

それぞれの手法は誰が担当するのでしょうか。部門の役割を考えていきます。**図表083**をご覧ください。図の左側、個人の領域「人材マネジメントへの働きかけ」は人事部門が担当します。図の中央下側、部門/チームの制度・構造「技術的働きかけ」については現場の品質管理・業務改善・

TQM推進部門などが担当します。図の右上、組織全体の「戦略的働きかけ」、そして右下の「構造的働きかけ」は役員会議・経営企画・経営戦略部門などの機能が担当します。

■ どこも担当していない「隙間」が存在する

さて、点線になっている領域に着目してみましょう。ここは多くの日本企業で手がつけられていない領域です。まず中央とその右側「ヒューマンプロセスへの働きかけ」。アメリカには組織開発部門が伝統的にありチームビルディングなどの支援をしてくれますが、日本にはありません。上段中央、部門/チームの「戦略的働きかけ」も空いています。会社全体の戦略の下、自部署は何をするか「戦略にチームの意思を込める」ことを支援する機能も日本企業にはありません。経営企画部門が戦略の落とし込みまではやっていますが、具体的な進め方は部署に一任されています。この先、これらの「機能の隙間」を人事部門が担っていくことが期待されています。人事にできることがまだまだありそうです。

次のツボ084では企業の目指すミッション・ビジョン・バリューについて考えます。

100のツボ
083

図表083

組織開発で用いられる手法のタイプ分け

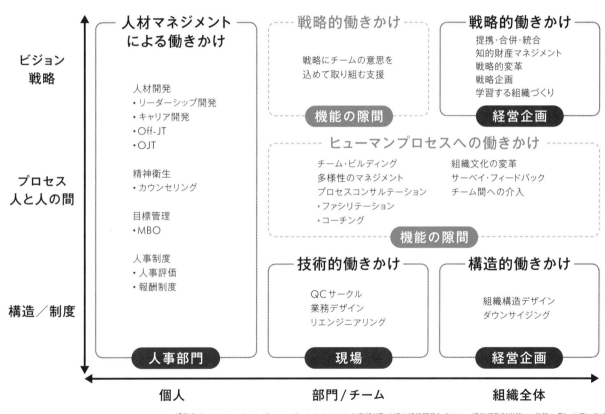

（『戦略パートナー／チェンジ・エージェントとしての人事部が取り組む組織開発』（2014、経営行動科学第27巻第1号）を元に作成）

▶ 誰もやっていない領域には組織が成長するチャンスが眠っています HINT

Q ミッションとビジョンの違いは何か?

ここでは組織の目的について考えます。組織開発とは「組織の効果性を高めることを目的に、行動科学を応用した、組織内のプロセスを変革する、人間尊重的で計画的な取り組み」です（ツボ081参照）。自組織は「何」に向けて効果性を高めていくべきなのでしょうか。私のコンサルタントとしての経験上、組織の目的について考えるときに、どの企業でも必ず陥る罠があります。それは、言葉のすれ違いです。ミッション・ビジョン・バリューなど似たような言葉がたくさんあり、しかもその言葉の使い方が人によって異なるため、いったい何の話をしているかがわからなくなってしまうのです。まずは言葉の定義を揃えると組織開発は格段に進めやすくなります（図表084）。

■ **ビジョンと戦略は「変えるべきもの」**

ビジョンとは「未来のあるべき姿」を言葉にしたものです。戦略とは「現状とビジョンとのギャップを解消するやり方」つまり「勝ち方」を言葉にしたものです。ビジョンや戦略は3年あるいは5年といった区切られた期間で定めることが多く、社内外の環境によって「変えるべきもの」です。変えなければ環境に適応できず企業は衰退していきます。多くの経営者がダーウィンの進化論を引いて説明するように「変化に適応したもの」が生き残るのです。

■ **ミッションとバリューは「変えてはならないもの」**

ミッションの語源はラテン語の「mittere（遣わす）」。遠方の地へ行き、果たすべき役割のこと、神から授かった「使命」のことです。自社を定義する「われわれの事業は何か、何になるか、何であるべきか」という問いに答えることが、自社のミッションを知ることになるとP. F. ドラッカーは言っています。

バリューとは「企業が社会に提供したいと考える価値」つまり、相手にどのようなベネフィット（benefit利益・恩恵）をもたらすのかを言葉にしたものです。

立ち位置の違いはありますが、ミッションとバリューの本質は同じもので、それは期間の区切りは設けず、基本的な価値観として長い時間をかけて組織に根付いていく「変えてはならないもの」です。もしミッションが毎年のように変更されている場合、それはスローガンの域を脱していない発展途上のものと言えます。過去から現在、そして未来への「一貫性」が必要です。環境変化の中で朝令暮改は経営者にとって当たり前でしょう。しかし一貫した「芯」がなければ組織への信頼は「言っていることと、やっていることが違う」と失われてしまいます。

次のツボ085では、世界のビジョナリー・カンパニーの特徴を紹介します。

図表084

ミッション・バリュー・ビジョン・戦略

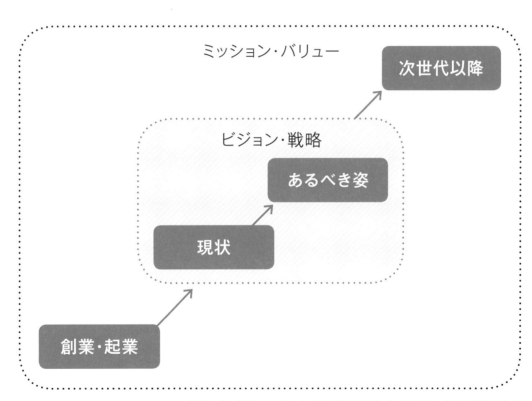

ミッション・バリュー

次世代以降

ビジョン・戦略

あるべき姿

現状

創業・起業

（リクルートマネジメントソリューションズ『経営理念（ミッション&バリュー）はなぜ浸透しないのか？』を元に作成）

▶自分たちは「何屋さん」なのか？チームの仲間たちと語りあってみましょう　HINT

223

Q 世界のビジョナリー・カンパニーの特徴は？

組織開発のヒントとして、世界のビジョナリー・カンパニーを見ていきましょう。ジム・コリンズ『ビジョナリーカンパニー2　飛躍の法則』によれば、先見の明があり時代や業界を超えて存続し続けているグレートな企業は、そうではない優良企業と比べて、以下の特徴がありました。明暗を分ける大きな意思決定や、劇的な改革ではなく、準備期間もあり地道な動きだが、大きな車輪が回り出す「弾み車」のモデルです（図表085）。

■ 規律ある人材

グレートな企業を指導したリーダーは、強烈な個性を持つ派手なリーダーではなく、むしろ内気でもの静かで恥ずかしがり屋でした。謙虚さと意志の強さを持ち、そして野心は個人ではなく会社のために向けられています。そして成功した時は窓の外を見て成功の要因を見つけ出し、うまくいかないときは鏡に映る自分に責任があると考える「窓と鏡」の思考様式を持っています（第五水準のリーダーシップと呼ばれています）。

グレートな企業は、はじめからビジョンと戦略を描いたわけではないこともわかりました。「事ではなく、人からはじまる」のです。最初に適切な人をバスに乗せ（採用）、不適切な人をバスから降ろし（代謝）、適切な人がふさわしい席（配属）に座ってからどこに向かうかを決めています。専門スキルではなく、性格や基礎能力を重視して

います。採用も配置も冷酷ではなく「超厳格」です。少しでも疑問があれば採用しません。

■ 規律ある考え

「どんな困難にも必ず勝てると確信する」こと、しかし「極めて厳しい現実も直視する」こと。この両極を葛藤しながらも両立させることがグレートな企業に共通した考え方です（ストックデールの逆説と呼ばれます）。そして「情熱を持って取り組めるもの」「自社が世界一になれる部分」「経済的原動力になるもの」その3つの円が重なるフィールドを見定めるために、とても多くの時間を費やしています（針鼠の概念と呼ばれます）。

■ 規律ある行動

規律ある行動がとられていれば、過剰な管理は不要になります。自ら規律を守り、規律ある行動をとり、3つの円が重なる部分を熱狂的に重視する人たちが集まる企業文化が鍵です。管理とは規律の欠如と無能力を補うものでしかないとコリンズは断言しています。

次のツボ086では、日本版ビジョナリー・カンパニーと言われている野中郁次郎・リクルートマネジメントソリューションズ組織行動研究所『日本の持続的成長企業』について確認します。

図表085
弾み車のモデル

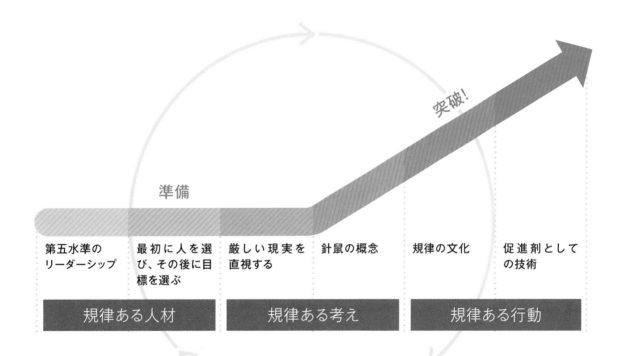

（ジム・コリンズ『ビジョナリーカンパニー2』を元に作成）

▶偉大な企業は、事ではなく「人からはじまる」のです　H I N T

世界最古の企業は日本にあります（578年創立の金剛組）。そして世界中の創業200年以上のうち56%は日本企業。実は、日本は長寿企業の数が世界一多い国なのです。野中郁次郎・リクルートマネジメントソリューションズ組織行動研究所『日本の持続的成長企業』から優良・長寿な日本企業の特徴を学びましょう。

■3つの組織能力

調査の結果、優良・長寿企業は業績を向上させる3つの組織能力を持っていました。

①実行・変革力：業績に直接影響するのは「実行・変革力」です。決定事項をやりきる「実行力」と、先を見越して変化できる「変革力」からできています。その源泉となっているのは、長期とスピードを両立させるリーダーシップを発揮する「経営トップ層」、理念を理解し現場でイノベーションを推進する「中間管理層」、そして環境変化に柔軟な「組織風土」です。

②知の創出力：実行・変革力を支えているのは「知の創出力」です。部門や指示命令系統を超えて動ける「横断展開力」、立場を超えて信頼関係を元に話し合い知恵を出し合う「意思疎通力」、従業員同士の話し合いから生まれる「知の交流力」からできています。知の創出力の源泉は、知を連結する「中間管理職」、誇りを持ち率先行動する「一般社員」、そして多様性と一体感を重視する「組織風土」です。

③ビジョン共有力：実行・変革力と知の創出力を底から支えているのは「ビジョン共有力」です。将来のビジョンが決定の背景も含めて語られ、実現に向けた動きが共有されるという能力です。ビジョン共有力の源泉は、ビジョンを体現し浸透させ、現場感覚を持ち変革を推進する「経営トップ層」と、ビジョンをブレークダウンし浸透させる「中間管理職」です。

実際の企業の例を**図表086**にまとめています。

■3つの価値基準

同書によれば持続的成長企業は、①社会的使命を重視しながら経済的価値も重視、②共同体意識がありながら健全な競争も共存、③長期志向でありながら現実も直視、といった3つの対立する価値基準をあわせ持っていました。この価値基準が組織能力の整合性と一貫性を担保しているのです。

■世のため人のため

「人を持続的に生かせる企業、世のため人のために頑張る企業が持続成長する」という当たり前にこそ、企業のエクセレンスの根源がある、それが同書で定量的・定性的に実証された、と野中郁次郎は言っています。

次のツボ087では実践的な組織の活性化について考えます。

100のツボ
086

図表086

3つの組織能力の実例

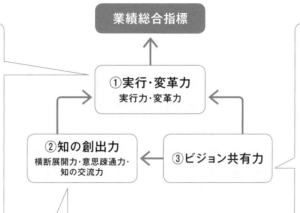

業績総合指標

① 実行・変革力
実行力・変革力

② 知の創出力
横断展開力・意思疎通力・知の交流力

③ ビジョン共有力

花王のTCR活動
衣料用洗剤アタックは20回以上の改良・性能向上。
「小さな改善でも、10年続ければイノベーションになる」
「凡を極めて、非凡に至る」

良品計画のV字回復
「進化」「実行」→社員の前で38億円の衣料品不良在庫を焼却。「現実を直視」「成功しつつある今が危ない」
ムジグラム＝13冊、1000ページ超のマニュアル

アルバックの失敗許容
「次の成長分野で世界一になる」トップの明確なビジョンと強い意志。選択と集中をしない。技術者が好きなテーマを研究。「やりたい」にNOは言わない。失敗も責任を問わない。

花王のTCR活動
現場が自発的にテーマを見つけて取り組むボトムアップ活動。部門を問わず、大半の社員がネタ探し。何か思いついたら部署や役職を越えて議論を戦わせ、知恵を出し合う。積極的に他部署に相談に行くことが習慣になっている。バブ梱包改革プロジェクトなど。

エーザイの知創部
現場体験研修。訪問先は病院、施設、患者の会など。患者などと一緒に時間を過ごし経験から感じ取る。「アリセプト」の改革。「あの患者さんに飲みやすい薬を提供したい」

花王ウェイ 現場との共有
「尾崎社長（当時）が訪ねるモノづくりの現場」4半期に1度ずつ、様々な部署の従業員で自由に議論。花王ウェイを体現したストーリーが従業員から語られる。社長がそれを他の場で語り、伝播していく。尾崎社長（当時）「浸透に有効なストーリーは現場にしかない」「花王ウェイ・ワークショップ」行動基準について従業員同士で話し合う。業務内容にあわせて花王ウェイを解釈し、読み替える活動。

デンソースピリット
32カ国、12万人のグループ社員に10年がかりで理念浸透。「社員同士が対話する場」を職場に形成。職場の長がファシリテーターとなってスピリットに即した仕事経験を語る。

キヤノン御手洗会長の講話
「『打倒ライカ』を標榜しながらやっております」「右手にカメラ、左手に事務機・光学特機をふりかざし」毎月講話を行なう。

▶「世のため人のため」に頑張る企業が持続的に成長すると実証されています　HINT

Q 組織を活性化させるには？

100 の ツ ボ
087

大沢武志『心理学的経営』によれば「実際に組織を活性化させるということは、きれいごとではない」ものです。「ドロドロした、汗と泥にまみれた葛藤の中にこそ、その原動力」があります。キーワードは「カオス」。秩序を作って秩序を壊すエネルギーこそが活性化の源です **(図表087)**。

■ カオスと自己否定

活性化している組織は「カオス（無秩序）」の状態にあります。変化に対応するために、これまで学んだものや、既成概念を捨て去る「自己否定」という特徴があります。

長い時間をかけて環境に適応し、成功体験を積み上げてきた組織は、その学習を習慣や常識として浸透させています。これらは貴重な経営資源なのですが、組織が変化に対応し進化するときには逆に障害となります。自己否定とは、既成の価値体系や暗黙の行動規範への疑問の提示、過去の成功体験の否定、現状の厳しい批判です。それによって自己革新を可能にする風土が作られていきます。既成の秩序を自ら壊す危機感と緊張に満ちた「カオス状態」こそが活性化の始まりです。

■ 自己組織化による秩序化

組織活性化は自己否定から始まりますが、人間はこのような心の不協和を維持し続けることができません（認知的不協和の理論）。人間の行動は認知体系を構成する諸要素が矛盾なく整合するように自律的に調整されていきます。無秩序な状態から秩序を回復する「自己組織化」が起きるのです。

活性化した組織は、秩序を作って秩序を壊すサイクルを持っています。既存の秩序に安住せず自己否定して秩序を壊し、自己組織化によって秩序を作る、そしてまた秩序を壊す。その循環のエネルギーこそが組織活性化です。

■ 不活性な組織

逆に不活性な組織とはどんなものでしょうか？それは固定化した階層組織、型にはまった役割、規則・制度・ルールなどで「管理」された組織です（M.ウェーバーの言う官僚制組織）。無駄を排除して効率化を志向すると、情緒やエネルギーは押し殺されてしまいます。不活性組織は過去の成功に安住し、外部に対し閉鎖的になり、既成の価値観や形式に拘泥してしまうという特徴を持っています。そうなってしまわないよう「カオスに身をさらせ」これが組織活性化に向けた大沢武志からの力強いメッセージです。

次のツボ088では、自律的なチームについて考えていきます。

秩序を壊し秩序を作る循環のプロセスを持つ

図表087
秩序と無秩序の循環のプロセス

秩序を作って秩序を壊すエネルギーこそが活性化である

「秩序」は、人の営みを束縛
し、押し殺すものにもなる

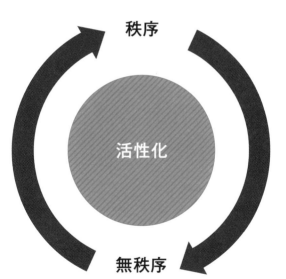

人間の営みとは、無秩
序な状態から、なんらか
の「秩序」を作ろうとす
る活動である（自己組織
化）

この閉鎖を壊した混沌と
した状況に、活性化の
源泉が生まれる（カオス）

（大沢武志『心理学的経営』を元に作成）

▶秩序と無秩序。今どちらへ向かうべきなのかを見極めましょう　HINT

Q どうすれば自律的なチームは作れるのか?

　自律的に動き、成果を出し続ける生き生きした
チームはどうやったら作れるのでしょうか? そ
もそもチームとは「同じ目的を共有しそれぞれが
役割を担った集団」のことです。「グループでは
なくチームを目指す」とは、ただの集まりではな
く「目的に向けて機能する集団になる」というこ
と。チームには自律的な意味合いが元来含まれて
いるのです。自律的なチームの条件は次の4つで
す（図表088）。順に確認しましょう。

■ チームのメンバー数が適切であること
（対面小集団）
　メンバーがお互いの個性を直接認識しあえる範
囲の人数（対面小集団）であることが重要です。
それぞれが意志を持って相互に介入して自律的に
動くことができる単位は5〜7名、1人のマネジャー
が見ることができる範囲（コントロールスパン）
も5〜7名と言われており、この数を守ってチー
ムを編成できるかどうかは重要なポイントです。
「伍」というのは古代中国の周の時代に用いられ
ていた最小の組織単位で、文字通り5人単位の集
まりのことです。その頭は「伍長」と呼ばれる古
代のマネジャーでした。3000年前から5人が最
適なメンバー数であったというのはとても興味深
いところです。日本でも平安時代の「五保制」や
江戸時代の「五人組」があります。

■ メンバーがどのチームに所属しているか
明確であること（集団規範）
　人は自分が心理的に所属するチームの暗黙的な
規範に行動を左右されます（集団規範）。しかし
労働組合への参加や、マトリクス組織、プロジェ
クト型の横断組織など、2つ以上のチームに心理
的に属し自分はどのチームに所属しているかわか
らなくなると、振る舞いに迷いが生じ、自律的な
行動が生まれ難くなります。二重忠誠は感情の行
き違いという情緒のレベルで不健全な風土を生み
やすくなります。

■ チーム内の連帯感が高いこと（集団凝集性）
　チーム内の連帯感（集団凝集性）を高める要因
は「チームの目標は魅力的だ」「チームの目標は
自分の目標だ」「メンバー間の対人関係が良く安
心だ」「チームが周囲から高い評価を受けている」
とメンバーが思っていることです。

■ チームに任せて邪魔しないこと（自律性）
　チーム自体にどこまで自律性が認められている
かが、メンバーの自発的活動の程度を決めます。
権限委譲の行き届いたチームほど自律性の程度は
高くなりメンバーの参加や自由度が保護され、組
織活性度も高くなる傾向があります。
　次のツボ089では自律的なチームを促進するフ
レームワーク、スクラムを紹介します。

適切な人数、所属が明確、連帯感を高める、
任せて邪魔をしない

図表088

自律的なチームの要件

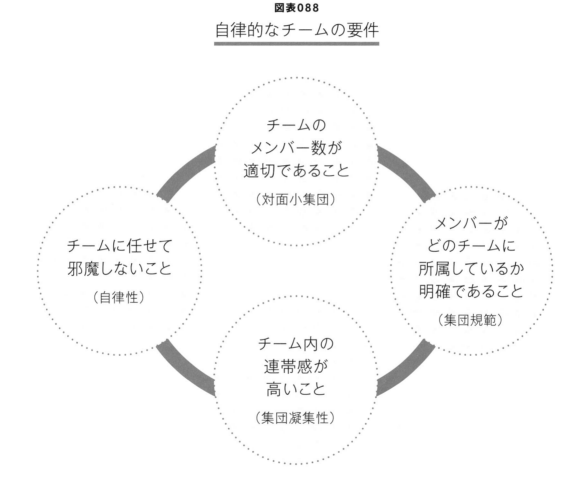

▶チームが機能しない時、どの要件が満たされていないか確認してみましょう　HINT

ソフトウェア開発のフレームワーク、スクラム（Scrum）をご紹介します。なぜ人材マネジメントの入門書で？　と疑問を持たれたかもしれません。しかし「最良のアーキテクチャ・要求・設計は、自己組織的なチームから生み出されます（アジャイルマニフェストより）」というその思想から分かるとおり、これは非常に実践的な組織開発手法です。DeNA社やアカツキ社の人事部門でも活用が始まっています。

100 の ツ ボ
089

■現状を把握するためのフレームワーク

スクラムとは「現状を把握するためのフレームワーク」です（1995年にケン・シュウェイバーとジェフ・サザーランドが共同発表）。ソフトウェア開発においては日々変化する要件を新しい（不安定な）技術を利用して実現するといったいくつもの複雑さをかけ合わせた場面が多く存在します。スクラムはこのような複雑度が高い領域において、現状把握を手助けし、自分たちが直面している問題に気づきを与えるものです。

■マネジャーに代わる３つの役割

スクラムには３つ役割が定義されています。投資対効果（ROI）を最大化させる「プロダクトオーナー」、自律的なチームを作る「スクラムマスター」、生産性を向上させる「開発チームメンバー」。マネジャーに集中しがちな役割をチームで３つに分担してゴールに向かう考え方が特徴的です。一人の天才ではなくチームの力を信じる手法です。逆に言えばメンバーには「主体性」が求められ、スクラムの語源であるラグビーの陣形のように仲間と「力を合わせる」ことが必須となります。「誰かがやってくれる」「自分のことだけやっていたい」と思っていると開発は進みません。

■ユーザーに価値を早く届け続ける

これまでの開発（ウォーターフォール型と呼ばれる）手法ではユーザーに製品を届けるまで長い検討時間が必要でしたが、スクラム開発ではスプリントと呼ばれる一定の周期（1〜2週間が多い）毎に「動く製品」を出し続けます。変化が早く複雑なソフトウェア開発においては、ユーザーからのフィードバックと開発チームメンバーの課題解決のループを「短期間」で何度も回し、製品を磨き続けるスクラムのやり方が適しているようです（アジャイル開発と呼ばれます）。作った物の価値を決めるのは、自分たちではなくユーザーです。価値を短いスパンで数多く届けることによって、真の問題に早く気づくことができ、活動の「意義と目的」が明確になります。この実践を続けることが自律的なチームを育てていきます（図表089）。

次のツボ090ではこれからの組織開発について考えます。

ソフトウェア開発における実践的な組織開発手法。
人事部門においても活用が始まっている

図表089

スクラムのプロセス

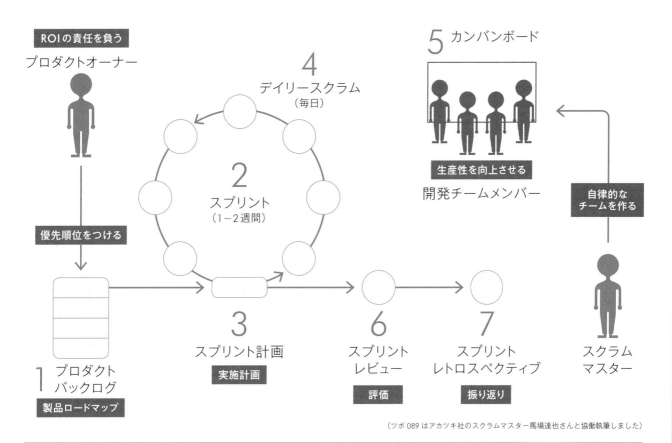

ROIの責任を負う
プロダクトオーナー

4 デイリースクラム
（毎日）

5 カンバンボード

2 スプリント
（1〜2週間）

生産性を向上させる
開発チームメンバー

自律的な
チームを作る

優先順位をつける

3 スプリント計画
実施計画

6 スプリント
レビュー
評価

7 スプリント
レトロスペクティブ
振り返り

スクラム
マスター

1 プロダクト
バックログ
製品ロードマップ

（ツボ 089 はアカツキ社のスクラムマスター馬場達也さんと協働執筆しました）

▶ スクラムの基となったのは野中郁次郎による組織とイノベーションの研究です　HINT

■組織開発の定石

組織開発には定石があります（図表090）。「事実」をもとに、キーパーソンを「巻き込み」、「小さな成功」をもとにして現場が「自走」できるように整備して拡大するというサイクルです。

■小さな成功（スモール・サクセス）を狙う

私が各社へ組織開発の支援をしていて、特に大切だと感じるのは「小さな成功」です。突然会社全体に実施するのではなく、チームや部署など小さな単位から始めて、そこでの成功パターンをもとに広めていくこと。企業の成功モデルや他社実例は、その本質を見極めずにそのまま真似をすると、必ず失敗します。自社の中で、賛同してくれるキーパーソンとともに小さく始め、そこでの成功体験を持って他の部署へ展開しましょう。目の前に成功実例があると「うまくいく取り組みなのだ」と前向きな姿勢が生まれ、かつ「わからないことは成功した部署に聞こう」という安心感と一体感が醸成されていきます。

■事実を捉えるツールは進化している

世界のビジョナリーカンパニーでも日本の持続的成長企業でも「厳しい現実を直視すること」が強く謳われていました。「事実」を捉えることは組織開発の起点です。そのためのツールはこの数年でも大きく進歩してきました。かつて従業員満足度調査などの組織アンケートは準備や集計に時間がかかり、気軽に実施することができませんでしたが、この数年での進歩は大きく、回答する従業員にとっても、分析活用する人事やマネジャーにとっても使いやすいものが登場しています（例えばアトラエ社のエンゲージメント測定ツール『wevox』など）。

■手段に踊らされず「現実を直視」する

しかし便利に調査できることと、現実を直視することは別の問題です。逆に調査結果に振り回されるようなことになっては意味がありません。組織アンケートの結果を点数化・偏差値化して得点の上がり下がりに一喜一憂する、といった「手段の目的化」による弊害はすでに多くのシーンで見られています。大切なのは「現実を直視」することです。組織開発において組織アンケートを使う時、点数などの定量データは「レントゲン写真」のように使うことをお勧めします。例えば、全社の中で、この部門だけ上司への信頼の項目が低い、この職種だけが賃金への不満が多い、昨年の結果と比べて主任は仕事の量の負担を感じている、など。どこに影があるのかを掴むことに使用するのです。そして気になる人たちには実際に会いにいって状況を聞きましょう。事実は現場の「人間」の中にあります。

図表090
組織開発の定石

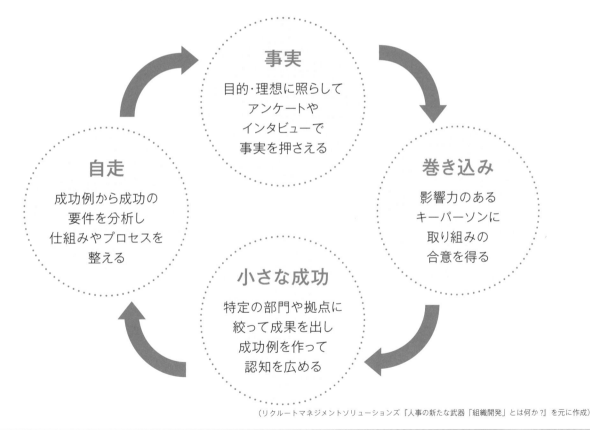

事実
目的・理想に照らして
アンケートや
インタビューで
事実を押さえる

巻き込み
影響力のある
キーパーソンに
取り組みの
合意を得る

小さな成功
特定の部門や拠点に
絞って成果を出し
成功例を作って
認知を広める

自走
成功例から成功の
要件を分析し
仕組みやプロセスを
整える

（リクルートマネジメントソリューションズ『人事の新たな武器「組織開発」とは何か？』を元に作成）

▶いきなりの全社ルール化、大規模システム導入は失敗するパターンです　HINT

4 社の実例

4社の「組織開発」の特徴を取り上げます。

実例1. サイボウズ社
「感動課」

ベンチャー中小・流動排出タイプのサイボウズ社では、100人いれば100通りの人事制度を標榜していますが「風土改革のない制度改革は効果なし」と考えており、風土づくりを重視しています。「人事部感動課」は2011年、風土づくりを目的に創設されました。「職場に感動を。」をスローガンに、職場に眠っている感動の種を見つけ出し、陽をあて、水をやり、感動の華を咲かせるという仕事です。「感動出来れば何をやっても良い」のです。取材し企画して、必要であれば動画や冊子を作り、イベントとして仕立てます。感動課の評価は「何人が泣くか」で決まります。

実例2. アカツキ社
「らしさの種まき」

ベンチャー中小・長期育成タイプのアカツキ社には、人事部門に組織活性の専門部門『HEARTFUL』があります。①わかちあう場を耕す②知識の種をまく③体験の種をまく、という活動でアカツキ「らしさの種をまく」役割です。

具体的な活動としては、アカツキの哲学をメンバーたちの「言の葉」を通じて新しい「コトの始まり」を生みだす冊子『アカツキのコトノハ』の編纂、アカツキの文化の中心である『わかちあい』の場づくり、全社合宿や部署ごとの社員旅行など「緊急でないが重要」なOFFの体験を設計し運営しています。

実例3. リクルート社
「カオスの演出」

グローバル大手・流動排出タイプのリクルート社では、組織活性化とは「カオスの演出」であると考えています（ツボ087参照）。「一に採用　二に人事異動　三に教育　四に小集団活動　五にイベント」という大沢武志の言葉のとおり、5つ組織活性化の機会を重視し演出しています。

採用によって新たな人材が入社すること自体がカオスの要因となり、全組織として人材確保に取り組む「採用活動のプロセス」も活性化の機会となります。人事異動は個人にとって成長の契機になることはもちろん、残された職場にとっても「なんとかなるものだ」という体験が、活性化への契機となります。教育においては自分の専門知識やこだわりを捨てる柔軟な発想の転換が求められます。自律的なチームの自主活動、そして全組織が融合し共振するイベントも活性化の大切な要素です。

実例4. トヨタ社
「QC活動」

　グローバル大手・長期育成タイプのトヨタ社では、1960年代半ばからQC（クオリティ・コントロール）活動と呼ばれる品質と生産性向上運動が行われてきました。国内のトヨタだけでも5000以上のQCサークルが存在します。ラインが止まった後の勤務時間外に8～10人単位でグループをつくり、工程見直しや工具の使用法などのアイデアを出し合います。自発的な活動であるという前提から業務外とされていましたが、2008年から業務扱いとなりました。

　ベンチャー中小タイプの2社は、特命を受けた部門が自社の中にある「感動」や「らしさ」を発見して社員に届けています。グローバル大手タイプの2社は少人数チームでの自律的な活動を推奨しています。

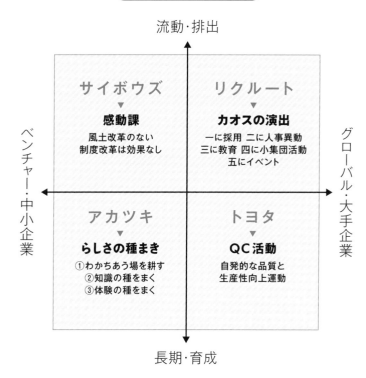

組織開発の特徴

流動・排出

ベンチャー・中小企業 ／ グローバル・大手企業

長期・育成

サイボウズ
▼
感動課
風土改革のない
制度改革は効果なし

リクルート
▼
カオスの演出
一に採用　二に人事異動
三に教育　四に小集団活動
五にイベント

アカツキ
▼
らしさの種まき
①わかちあう場を耕す
②知識の種をまく
③体験の種をまく

トヨタ
▼
QC活動
自発的な品質と
生産性向上運動

まとめ

Chapter9.のまとめとしてツボ081〜090のQ&Aを一覧としています（右表）。

また、人事担当者、管理職（マネジャー）、経営者、人材・人事業界の方それぞれに向けてこの「組織開発」でお伝えしたいメッセージを記載しています。

人事担当者の方へ

人事担当者にとって、人材開発ではない組織開発とは捉え難い領域かもしれません。取り組む機会としては「組織サーベイ」と呼ばれる調査ツールを使って組織の現状を把握することがよくあります。しかし組織サーベイは運用や周知に手間がかかるため、運用のみで疲弊してしまったり、点数結果の上がり下がりにのみ着目して本質を外した運用になることも多いようです。

組織開発の取り組みは都度「目的」に立ち返って、「小さな成功」とその先の「自走」を目指して進めていきましょう。

管理職（マネジャー）の方へ

マネジャーにとって、組織開発は中長期で事業を進めるために必要な取り組みです。「小さな成功」を起こす当事者とは、多くの場合は現場マネジャーのことです。業務改善やリエンジニアリングなどは、他の人材マネジメント領域に比べると馴染みがあり取り組みやすい分野と言えます。人事部門と協力し組織サーベイなどを活用して現実を正しく捉えながら進めていきましょう。

経営者の方へ

組織開発における経営者の役割は、変えてはならない使命であるミッションを貫き、変えるべき未来の姿であるビジョンを指し示すことです。『ビジョナリーカンパニー2　飛躍の法則』によれば、偉大なリーダーは成功している時は要因を外部（窓）に求め、失敗している時は要因を自分（鏡）に求めています。組織サーベイは経営者が「裸の王様」になることを防ぐ大切なツールです。時には厳しい現実を直視し一歩ずつ進めていきましょう。

人材・人事業界の方へ

組織開発に活用できる便利なツールは、これからも進歩を続けていきます。誤った方向に顧客を誘導し利を得ることは簡単です。安易に流れず、世の中のため、顧客のためになる道はどれかを真剣に考え、本質的なサービス提供をしていきましょう。

次のChapter10.では働く人の視点から、キャリアやプロフェッショナルについて考えます。

	Q	A
081	組織開発とは何か？	行動科学を応用して組織内のプロセスを変革することで組織の効果性を高める計画的な取り組み
082	組織開発とチェンジ・マネジメントは何が違うのか？	組織開発はプロセス・人間関係を重視した当事者主体の取り組み
083	誰がどのように組織開発を行うべきなのか？	人事部門が個人の人材開発を、現場は技術的働きかけを、経営は組織全体の戦略的働きかけと組織構造を担う
084	ミッションとビジョンの違いは何か？	ミッションは変えてはならない使命、ビジョンは変えるべき未来の姿
085	世界のビジョナリー・カンパニーの特徴は？	劇的な変革ではなく地道に大きな車輪を回す「弾み車」のモデル
086	日本の優良・長寿企業の特徴は？	実行変革力、知の創出力、ビジョン共有力という「組織能力」を持つ
087	組織を活性化させるには？	秩序を壊し秩序を作る循環のプロセスを持つ
088	どうすれば自律的なチームは作れるのか？	適切な人数、所属が明確、連帯感を高める、任せて邪魔をしない
089	スクラムとは何か？	ソフトウェア開発における実践的な組織開発手法。人事部門においても活用が始まっている
090	これからの組織開発を考えるうえでのポイントは？	大きく仕掛けず小さな成功を狙う。手段に踊らされず現実を直視する

　組織開発においては「関係性へのアプローチ」が重視されます。人間の価値観や感情に深く関わるため「正解がない」「言葉にできない」ことも多い領域です。その説明できない世界を私に教えてくれたのはリクルート社の三輪昌生マスタートレーナー（トレーナーの先生）でした。組織開発を40年間実践し、あらゆる企業に導入し続けてきた方です。その価値を後世に残すため80歳まで現役で教壇に立っていました。私にとってはリクルート創業者江副浩正やSPIを作った大沢武志と同じく神話上の人物でしたが、幸運なことにリクルート社の組織開発の原点を探るプロジェクトでご一緒することができました。

　そして私の世界観は根底から覆されることになります。人事コンサルタントとして蓄えたはずの知識や概念が全く通じない領域の恐ろしさを知ったのです。

　ある研修で、マスターの一言によって受講者が「何か」をつかみ、感動で泣き崩れたシーンがありました。後ろで見ていた私もなぜか涙が止まらない。あとで私はマスターに聞きました。

「あの時なにが起きたのですか？　突然、場が変わりました」

「それは、私にもわかりません」

「……では、なぜあんな発言をされたのですか？」

「みなさんが、私をそうさせたのです」目を閉じ、首を振るマスター。

「……理解できません」まるで禅僧と話しているかのようです。

「深い喜びを見つけ、受け止め、あふれさせるようにするのです」

「だから、それでは何もわからないですよ！」失礼にも怒りを直接ぶつけてしまったのですが、マスターは「そう」と微笑むばかり。

　しかしマスターの教えは、後になって自分の小ささとともに了解されることになります。必死に食らいつき2年かかりました。師から学ぶ（ツボ098参照）「真の教え」とはこういうものなのかも知れません。

働

Chapter 10.

く

人

Q 働く人のキャリアをどのようにとらえるべきか？

Chapter 9までは企業を主語に語ってきましたが、このChapter 10では働く人を主体として考えていきます。まずツボ091では働く人のキャリアについて取り上げます。キャリアとは組織心理学者のエドガー・シャインによれば「人の一生を通じての仕事、生涯を通じての人間の生き方、その表現の仕方」です。

キャリアを考える主体者が変わった

日本企業はかつてポスト可変契約・終身雇用を前提として、企業主導による一律の人材開発を行ってきました。その当時はキャリアを考える主体者は企業であり、働く人は企業に身を任せることが有利であったと言えます。しかし終身雇用は限界を迎え、個人には雇用されて価値を発揮できる能力（転職できる力）を向上させる責任が求められるようになりました（エンプロイアビリティと呼びます）。企業は、個人が能力を発揮し価値を生み出す機会を提供する責任を負います。これができなければ優秀な人材は辞めてしまうからです。こうして企業は主導から支援へと立場を変え、働く人一人ひとりがキャリアの主体者とならざるを得ない状況になりました（図表091）。

働く期間は50年、企業の平均寿命は24年

人の平均寿命は延びています。85歳まで生きるとすれば、多くの人はその年齢まで貯蓄や年金だけで暮らしていくことは難しく、働き続ける必要があります。企業が多様なキャリアコースを用意することも1つのやり方ですが、企業の平均寿命は24年前後であり、個人が働く期間よりも短いのです。働く人が自らのキャリアを考え、働く場を開拓するほうが現実的かつ理想的だと言えます。

キャリア・サバイバル

キャリアを考えるにあたって、変化する外部環境にどう適応し「どうやって生き残るか」はとても重要な観点です。それをエドガー・シャインは「キャリア・サバイバル」と呼んでいます。重要なポイントは3点です。①自分の職務における中心的な「ステークホルダー」が誰か。②ステークホルダーが自分に何を「期待」しているか。③予想される外部環境の「変化」が自分の職務にもつか。これらの問いを常に考えるのです。

しかし、これまでキャリアを考えたことのない人からすると、どうすれば良いかわからないかも知れません。職能資格中心の日本企業では特定の職務を意識しない（させない）ケースが多いからです。

次のツボ092では自分のキャリアの「よりどころ」を見出す方法をご紹介します。

100のツボ
091

図表091

キャリアの主体者イメージ

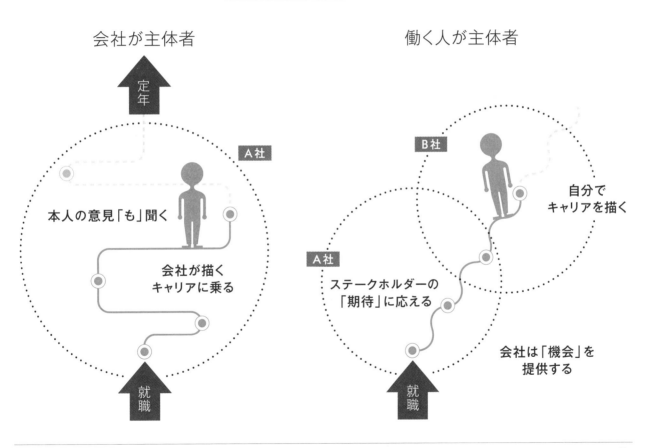

会社が主体者

定年

A社

本人の意見「も」聞く

会社が描く
キャリアに乗る

就職

働く人が主体者

B社

自分で
キャリアを描く

A社

ステークホルダーの
「期待」に応える

会社は「機会」を
提供する

就職

▶ 企業の平均寿命は24年。個人が働く期間はもっと長いのです　HINT

100 の ツ ボ
092

■キャリア・アンカー Will・Can・Must

組織心理学者エドガー・シャインの「キャリア・アンカー」の枠組みを紹介します。アンカーとは船の「錨」です。人生という「航海」において、どんな仕事や職場であっても、自分という船の「錨」を降ろし、自分らしさを失わない、安定した「よりどころ」となるものです。キャリアを選択するときに一番大切な価値観や欲求、周囲がどうあれどうしても譲れないもの、それがキャリア・アンカーです。

自分が「どうありたいか」を次の3点、Will・Can・Mustから考えます。

① 「Will」とは何をやりたいか。動機、欲求、人生の目標は何か、何を望み、何を望まないか、などの観点です。
② 「Can」とは何ができるか。才能、技能、有能な分野は何か、強みは何か、などの観点です。
③ 「Must」とは何をなすべきか。価値観、判断の基準は何か、今の仕事は自分の価値観と一致しているか、今の仕事は誇らしいか、恥ずかしいか、などの観点です。

この Will・Can・Must の重なりが大きいほど、充実したキャリアになると言われています。

■過去の自分が歩いてきた道を振り返る

キャリアの語源はラテン語の「Carraria」で「わだち」、馬車が通った車輪の跡のことだそうです。ふと後ろを振り返ったときに、どう進んできたか、刻まれている跡です。過去の自分の歩んできた道を振り返り「こうやって生きてきた自分」を認識した上で、先にある未来をどう生きるか考える、それがキャリアの本質だと私は考えています。

■仲間の力を借りる

キャリアについて、一人で考えることも大切ですが、他者の目を借りることはとても有効です。自分では気がついていないできること（Can）や、言語化できていなかった可能性（Will）に気づくことができます。1on1などの機会で上司やトレーナーの力を借りる方法もありますが、お勧めしたいのは上下関係のないフラットな関係の仲間数名（5～7名程度）でのワークショップです。付箋にお互いの Will・Can・Must を書き出して伝え合うと、大きな刺激があります。（筆者のウェブサイトでワークショップの方法を詳細に説明しています。ぜひ試してみてください。https://ko-chu-ten.com/wcm/）

次のツボ093では、多くの人が理想のキャリアとして考えている「プロフェッショナル」について考えます。

歩いてきた道を振り返り、仲間の力を借りて Will・Can・Must の重なりを広げていく

図表092

キャリア・アンカー

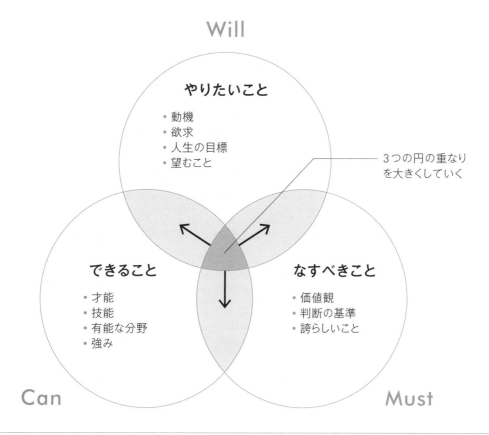

Will

やりたいこと

- 動機
- 欲求
- 人生の目標
- 望むこと

3つの円の重なり を大きくしていく

できること

- 才能
- 技能
- 有能な分野
- 強み

なすべきこと

- 価値観
- 判断の基準
- 誇らしいこと

Can

Must

▶あなた自身より他者の方が「あなた」のことを分かっていることも多いのです

HINT

Q　プロフェッショナルとは何か？

■組織を率いるより専門性を極めたい

　組織を率いるリーダーよりも、専門性を極めてプロフェッショナルになりたい人が多いそうです。ビズリーチ社が2015年ビジネスパーソンを対象に行った理想のキャリアを聞くアンケートでは、専門性を極めたい人が38.2%と最も多く、管理職になりたい人は18.0%でした。ラーニングエージェンシーが実施した2016年度の新入社員に対して行った意識調査では、専門性を極めプロフェッショナルの道を進みたい人が37.0%、組織を率いるリーダーになりたい人は24.6%でした。

■プロフェッショナルとは何か？

　さて、ではそのプロフェッショナルとは一体何でしょうか？　語源は「Profess」、宗教に入信する際の「宣誓」です。つまり宣言してある集団に参加することを表しています。プロフェッショナルとしての「宣誓」の原点は、紀元前4世紀の「ヒポクラテスの誓い」にあると言われています（**図表093**）。ヒポクラテスという名前の古代の医師が、その医師という職業倫理・任務などについてギリシア神に宣誓したものです。患者の生命・健康保護の思想、患者のプライバシー保護、専門家としての尊厳の保持、徒弟制度の維持や職能の維持などが謳われています。

　研究者HallとMinerは「プロフェッショナリズム」として3つの側面からプロフェッショナルのあり方を示しています。

①技術的側面：素人には真似できない高度な知識・スキルを持つ。

②管理的側面：自律的に意志決定しプロ間の連携を重視する。組織に縛られず自身の判断に基づいて自律的に行動する。仕事において自由に意志決定をしたいという欲求を持つ。仕事の質は同業者のプロによって評価されるべきという信念を持つ。

③精神的側面：奉仕に意義を感じ金銭的価値を超える。他者を助け奉仕したいという欲求、公共の利益に奉仕したいというコミットメント。職務への献身、愛着とアイデンティティを感じ、外的報酬がなくてもその分野で働きたいという献身的姿勢を持つ。

　つまり「高度で専門的な知識・スキル」「自律的・主体的な意志決定と行動」「職務へのコミットメントと高い職業倫理」と「誠実さ」がプロには求められるのです。

　次のツボ094ではプロフェッショナルと似た言葉であるスペシャリストとエキスパートについて考えます。

図表093

ヒポクラテスの誓い

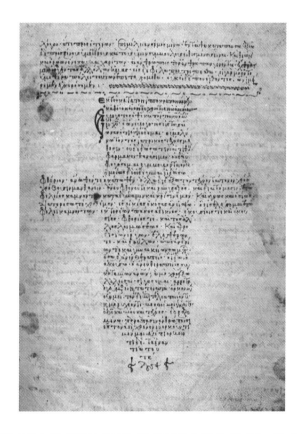

（写真は12世紀の写本）

▶その領域に「魂を捧げた人」は敬意をもってプロフェッショナルと呼ばれます　HINT

スペシャリスト・エキスパートとは何か？

プロフェッショナルと似た言葉として、スペシャリストとエキスパートがあります。その違いを見るために、それぞれの意味と対義語を確認してみましょう（図表094）。

■ スペシャリストとゼネラリスト

スペシャリストとは、特定領域に絞って仕事をする人のことです。日本企業では「専任職」などと呼ばれます。その専門分野に限定して業務を行うため、知見・ノウハウが集約されやすいというメリットがあります。一方で特有の技能を積み上げてしまうと汎用性に欠け、環境変化が起きた時に活躍できないというリスクを負っています。対義語はゼネラリスト、領域を絞らず広範囲に業務を行う人のことで、日本企業では「総合職」がそのイメージに近いでしょう。スペシャリストとゼネラリストの違いは経験できる「業務の幅」になります。

■ エキスパートとビギナー

エキスパートとは「熟練者」、その領域において経験を積み熟練した人のことです。スペシャリストとして特定領域でエキスパートになる人もいれば、ゼネラリストとして多領域でエキスパートになる人もいます。対義語はビギナー「初心者」です。スペシャリストといえどもビギナーから業務はスタートします。エキスパートとビギナーの

違いは「熟達」の度合いです。

■ プロフェッショナルとアマチュア

プロフェッショナルとは、その職業にコミットし「誠実さ」を宣誓した人のことです（ツボ093参照）。対義語はアマチュア「愛好者」です。アマチュアは報酬を受け取る職業としてではなく、趣味としてその領域を行う人のことです。プロとしての「意識」の有無がその違いとなります。

スペシャリストのプロフェッショナルは特定の限定された領域に意識高くコミットした人のことですので、一般的な「専門職」としてイメージがつきやすいでしょう。そして「プロ経営者」のようにゼネラリストのプロフェッショナルも存在します。それぞれ経験を積むことでエキスパート「熟練者」となっていきます。

スペシャリストでエキスパートであっても、プロ意識がなければ、それはアマチュアです。

企業で高い専門性を持って活躍したい、というキャリアを目指す人はこの中のどこを目指すべきでしょうか？　私は図表094における色の濃い箱、プロフェッショナルでエキスパートの領域を目指して欲しいと考えます。次のツボ095で、日本企業でどうやってプロフェッショナルになるかを具体的に考えていきましょう。

図表094

スペシャリスト・エキスパート・プロフェッショナル

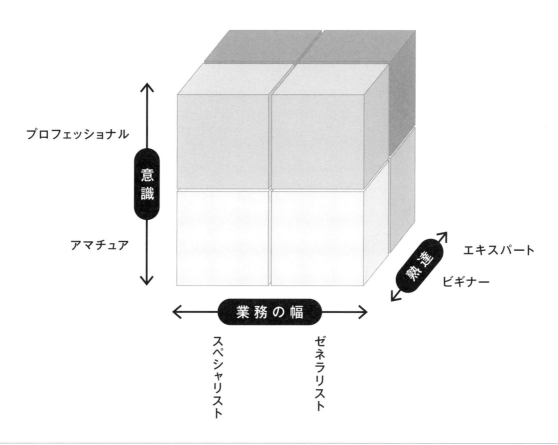

プロフェッショナル

意識

アマチュア

熟達

エキスパート

ビギナー

業務の幅

スペシャリスト

ゼネラリスト

▶ プロ経営者のように、プロフェッショナルとゼネラリストは両立します

HINT

Q 日本企業でプロフェッショナルになるには？

■プロフェッショナルになるためには？

　日本の終身雇用、ローテーションを前提とした職能資格ベースの育成の上に、つまり企業の描くキャリア育成に乗っているだけでは、プロフェッショナルにはなれません。下手をすれば「満遍なく知っている組織内スキル」「自分で判断しない事なかれ主義」が身につく恐れもあります。

　大久保幸夫『日本型キャリアデザインの方法』から筏下りと山登りモデルを紹介します（図表095参照）。

■筏下り

　筏下り時期にはまず「いったん」激流に漕ぎ出すことが重要です。新入社員としてキャリアをスタートした段階では、まだ多くの人が自分のやりたいことやできることを認識できていません。就職活動中に「志望動機」を問われ苦しむ方も多いのですが、実は「やりたいこと」が出てこないのは当たり前とも言えます。一度働いて経験してみないと、何ができるのか、何にやりがいを感じるのか、わからないのは当然です。

　日本企業、特に大手企業は「基礎力」を身につけるための人材開発がとても進んでいます。若いうちから大きな仕事を任せてくれる、厳しい環境に身をおける会社を選び、激流に揉まれる中で筋力をつけていくことがこの時期には必要です。

　キャリアは意図せぬ偶然性に支配されています。偶然の出会いを豊富にもたらすため日々行動して、偶然の機会があったときに自分のものにできるよう能力を磨いておくべきなのです（心理学者クランボルツの「プランド・ハップンスタンス・セオリー」）。不確実な現状の中でも、常に前向きであれば、良い結果は自ずとついてくるのですね。

■山登り

　山登りとはその名のとおり、登るべき山（自分の専門領域）を1つ決めて、その頂を目指すことです。何のプロフェッショナルになるのかを「宣誓」するということです。同時に2つの山に登ることはできません。「サラリーマンだから言われればなんでもやる」というのは、一見正しいようですが、それが評価されるのは若手のうちだけです。山を決めるタイミングは、仕事がこなれてきて「楽になってきたな」と感じた時、1年を振り返って成長実感がない時です。現実的には35歳を過ぎると転職も配置転換も難しくなるため30歳代の前半に「腹決め」することが目安です。ただし、働く期間が延びている現代では年齢は目安でしかありません。

　激流の中でいくつもの業務を経験して筋力をつけて、登る山を1つ決める、これが日本企業でプロフェッショナルになる方法です。

　次のツボ096では実際にプロフェッショナルになっていくための段階を考えます。

図表095
筏下りと山登り

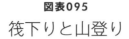

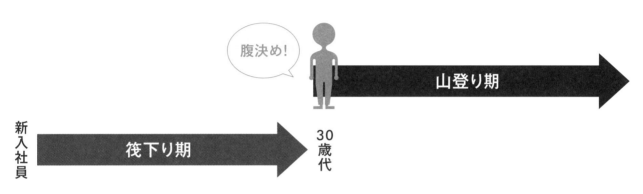

腹決め!

山登り期

新入社員

筏下り期

30歳代

基礎力を磨く

- ゴールを決めず当面の短期目標に全力投球する
- 基礎力（対人・対自己・対課題）を磨いていく段階
- 偶然による仕事や人との出会いを歓迎する
- 経験の中から自分の道を見出す

専門力を磨く

- 自分の進む道を1つに絞る
- ゴールを明確に決めて全エネルギーを集中する段階
- 専門性（専門知識・技術・ノウハウ）を身につける
- 仕事への取り組みは計画的・戦略的に行い、目指す山に関係ない仕事はしない

（大久保幸夫『日本型キャリアデザインの方法』『ビジネス・プロフェッショナル』を元に作成）

▶登るべき山が決まる時まで、激流の川に身を投じ筋力をつけておきましょう　HINT

プロフェッショナルの成長には5つの段階と、それを阻む3つの壁があります （図表096）。

■ プロ化の5段階

第1段階は「仮決め」です。新入社員が自分は経営者になると決める、高校生がエンジニアになると決める、など決めたときにスタートします。そこから一所懸命に日々の業務をこなしていると、ロールモデル（お手本）や師匠（目標）に出会い、第2段階「見習い」に入ります。先輩の仕事ぶりを通して、その仕事が「できる」とはどういうことか、「型」を認知していきます。

そして一人前の仕事ができるようになると第3段階「本決め」に進みます。「この仕事でやっていく」と腹を決めて退路を断ち、一心不乱に「型」を身につけるべく腕を磨きます。型を極めたのちに待っているのは第4段階「開花」です。習得した型に自分のやり方を足していき、「個人ブランド」が創出される段階です。「これができるのは君しかいない」「どうしてもあなたにやってもらいたい」と自分の価値が飛躍的に向上し、プロとして最も大きな成果をあげるようになります。名前が売れ、経済的にも社会的にも成長したのち、次の段階に移ります。第5段階は「無心」。型そのものから離れて、自由自在の境地に入ります。仕事と自分自身が一体化し、成果をあげて対価を得るというよりは、自分と社会との繋がり、社会にどんな影響を与えるのかといったことに興味関心を持つようになります。

サイモントンの研究によれば、プロの入り口に立つ（本決め）まで10年の経験が必要、20年でピーク（開花）、40年で引退に至るそうです。

■ 3つの壁

第1段階「仮決め」の手前には「入門の壁」があります。自分に何が向いているのかわからないという理由で内省ばかりを繰り返し、行動しないという状況に陥ってしまうのです。大切なのは「やってみる」こと。「せっかく配属されたのだから、とりあえずこの道でやってみよう」と踏み出すことでこの壁を越えることができます。

第3段階「本決め」の前に「決断の壁」があります。日本のビジネスパーソンは退路を断たなくてもなんとなく生きていけます。しかしここを越えられないと30歳代半ばから40歳代半ばで能力も年収も頭打ちになっています。壁を越えるために必要なのは「決断する勇気」それだけです。

第4段階「開花」の前に「自律の壁」が立ち塞がります。オリジナリティを創出する方法は誰も教えようがなく、自分で切り開くしかありません。他流試合を行うこと、自分の仕事を自分の言葉で語ることが壁を越えるきっかけとなるでしょう。

次のツボ097では、自立について考えます。

仮決め・見習い・本決め・開花・無心の5つの段階で成長する

図表096

プロの成長段階

		第1段階	第2段階		第3段階		第4段階	第5段階
		20歳代			30歳代		40歳代	?歳
		仮決め	見習い		本決め		開花	無心
キャリアの特徴	入門の壁	・仮（方向性）でよい ・自分で決める ・未知への新たな一歩を踏み出す	・現実に直面しながら、様々な基本の型を習得し、自分の基盤を作っていく	決断の壁	・専門領域を自分の言葉で表現できる ・その道で進む覚悟 ・高い専門能力と領域としてのまとまり	自律の壁	・道を確立していく ・組織や先達との葛藤 ・世代性の意識、意味ある仕事、伝えるべきものに取り組む	・より高次の目的のために、専門領域やこれまでの仕事のあり方に必ずしもこだわらなくなる
環境 その時期に必要な ※（ ）は例		・仮決めの内容を熟考し、試す経験（長い研修期間、異分野への異動、出向） ・基本を習得する研修、仕事経験 ・仕事の意味を考えさせられる出来事 ・先達と議論できる・先達に胸を借りる機会			・自律性を発揮できる風土（権限移譲） ・個々人の成長に合わせて生じる変革の機会を生かせる経験（新規提案、FA制度、倫理やコアコンピタンスの議論、研究会、出向、講演・執筆などの外部活動支援） ・権限の拡大（昇進、変革プロジェクト任命） ・就業形態の変更（雇用→契約）			
経験 段階を越えることを助ける		0⇨1段階 ・方向性を問われる	1⇨2段階 ・上質な仕事に触れる（師や達人との仕事）	2⇨3段階 ・本決めを問われる（認定試験）		3⇨4段階 ・未知の要素が多い経験（誰もやったことのないプロジェクト）	4⇨5段階 ・？	

（大久保幸夫『ビジネス・プロフェッショナル』Works69号『育て！ビジネス・プロフェッショナル』を元に作成）

▶入門から本決めまで10年間、開花までさらに10年間の経験が必要です　HINT

Q 自立とは何か？

プロフェッショナルは、企業に所属していたとしても、自分の専門分野においては上司や社長も口を出せない「自立」した存在であるべきです。

■ 自立とは何か？

自立とは自らの足で立っていること。そして対義語は「依存」です。「自立とは、誰かのせいで何かができないと言わないこと」とは文章表現インストラクター山田ズーニーの言葉です。上手くいかないのは、会社のせい、上司のせい、同僚のせい、部下のせい、家族のせい、親のせい……こう思っている間は自立しているとは言えないのでしょう。日本人は調和を大切にします（Column05参照）。そして全く依存のない人生はあり得ません。自立とは極端な依存に陥らず、ちょうどよく依存関係を保っている状態と言えます。

■ 自律とは何か？

自立と似た言葉に「自律」があります。この自律こそ自立の要件です。自律とは自らを律して行動すること。対義語は他律、他人の命令や強制によって行動することです。

自らを律するとは、自分の中に「基準」や「指針」を持ち、それによって自分をコントロールすることです。基準があるからこそ、自分ができているのか、できていないのかを判断できる、できていないことを磨いて成長できる、そしてその基

準において自分に誠実だからこそ他者にも誠実になれるのです。この状態を「自由」と呼びます（ツボ039）。

■ 自ら「指し示す」こと

その基準とは、何でしょうか。例えば人材マネジメントを自らの専門領域とするのであれば、当書で紹介しているような原理原則はひとつの指針となるでしょう。学ぶことで何かの判断基準を身につけることはとても大切です。しかし、そこで終わると机上の空論です。「自ら考えて決める」ことが自律・自立のためには必要です。逃げ場のない中で選択した自分の「判断」こそが基準を作っていきます。自ら選び、行動し、そしてその結果が出た時に理論は「持論」となります（成功であるか失敗であるかにかかわらず）。その中で基準を磨き続けることを「実践」と呼びます。

はじめに必要なのは自ら「指し示す」こと。自信がなくとも、根拠がなくとも、踏み出して「自分はこの方向に行く」と宣言することです。それにはとても勇気がいります。「過去の自分」と「周囲の仲間」の力を借りて、自分がどうありたいかを考えること（ツボ092参照）、そして「師」から学ぶことが助けとなってくれるはずです。

次のツボ098では「師」について考えます。

A 誰かのせいで何かができないと言わないこと

図表097

自立と自律

自立

自らの足で立っていること

「誰かのせいで何かができない」と
言わない
ちょうど良い調和を保てる

自律

自らを律して行動すること

自分の中に「基準」や「指針」を持ち、そしてその指針によって自分をコントロールしている状態

他律

他者に律されて行動すること

自分の基準ではなく、他人の「命令」や「強制」によってコントロールされている状態

▶自律している人は、自分の中の持論を実践で磨き続けています

HINT

Q 師から何を学ぶべきか？

田坂広志は著作『仕事の報酬とは何か』において、能力を身に付けるために一番必要なのは「師匠を見つけることだ」と言っています。ここでは「師から学ぶ」ことについて考えてみましょう。技術や知識であれば本やマニュアルを読めば分かることです。師という生きた人間から得るべきものは一体何でしょうか。それはニュアンス、立ち振る舞い、言葉にして伝えることができない「暗黙知」と呼ばれる領域です。

100 の ツ ボ
098

■ 兵法の極意

面白い中国の古典を紹介します。張良という武人が「兵法の極意」を教授してもらうために黄石公という老人に弟子入りします。ところが。

> ところが、老人は何も教えてくれない。
> ある日、路上で出会うと、馬上の黄石公が左足に履いていた沓を落とす。
> 「いかに張良、あの沓取って履かせよ」と言われて張良はしぶしぶ沓を拾って履かせる。また別の日に路上で出会う。今度は両足の沓をばらばらと落とす。「取って履かせよ」と言われて、張良またもむっとするのですが、沓を拾って履かせた瞬間に「心解けて」兵法奥義を会得する。（中略）兵法奥義とは、「あなたはそうすることによって私に何を伝えようとしているのか」と師に向かって問うことそれ自体であった。
> （内田樹『日本辺境論（新潮新書）』）

師から学ぶべきものは「何か良いこと」という内容ではなく、「どう学ぶか」という「構え」なのでした。

■ 師弟関係という構造

心理学者河合隼雄は、すでに亡くなっている師ユングとの関係をこう説明しています。

> 自分の独善性や安易さを防ぐため、自分の信じる方法や考えを全面的にぶっつけて検証する相手として、C・G・ユングを選び、そのことに積極的意義を見出す。

何かを具体的に教えてもらうわけではなく、師が存在し、それに自分を照らして、自ら学び続ける、その構造自体に価値があるのです。しかし多くの人は自分の上司を「師」だとは感じていないことでしょう。師匠は一体どこにいるのか？　田坂広志はこう言っています。

> 師匠とは、与えられるものではない。自身が、自ら見つけ出すものです。（中略）自身の心が、本当に謙虚であるならば、周りに「師匠」と仰ぐべき人物は、必ず、いる。

「謙虚」であることは学ぶために最も必要な要素です。それは自分の考え方、ものの見方を疑い、自分を正し、バージョンアップさせるために相手から何かを得る「構え」のことです。

次のツボ099では「教える」ことを考えます。

図表098

黄石公

▶師が優れているかどうかではなく、弟子が学べるかどうかが問われるのです　*HINT*

Q 教えるとは何か？

どんなに優れた先生の講義であっても、受講者が聞いていなければ無価値です。「学び」とはすべて受け手次第（ツボ098参照）。それでは「教える」とは一体何なのでしょうか。

■ それでも教える意味

まず、相手のためではなく自分のために、教えることには大きな意味があります。何かを教えよう、伝えようと思ったときに人は最も学びます。それが相手に届くか届かないかに関係なく。自分の理解を他者に伝えようと言葉という形にする過程で、必ず大きな学びがあります。

■ 師こそが学ぶべき

そして、師に必要な姿勢とは「自らが学び前進する姿を見せる」ことなのではないでしょうか。「どう学ぶか」という構えこそ、弟子が学ぶ価値のあるものだからです（ツボ098参照）。

手取り足取り「教える」ことに重点が置かれ過ぎると、大抵上手くいきません。「教え好きに、教え上手なし」。自分は教えるのが上手いと思っている人は、少し客観視を強めた方が良いかも知れません。

最も戒めたいのは「言っていることとやっていることが違う」です。相手に「こうすれば良い」と偉そうに言っておきながら、自分は全くできていない人のことは、誰も師と呼びたいとは思いません。自らこそが学び前進する。そこから何かを学べるかどうかは弟子次第である、というある種の達観が師には必要なのです。

■ 希望を語る

19世紀イギリスの教育者ウィリアム・アーサー・ワードはこう言っています。「凡庸な教師は、しゃべる。良い教師は、説明する。優れた教師は、示す。偉大な教師は、ハートに火を灯す」師にできることは、何かを体現している姿、生きている姿を見せること、究極的にはそれだけなのではないでしょうか。師が本気で生きている姿からこそ、弟子はその根幹（ハート）を受け取ることができます。「教えるとは希望を語ること、学ぶとは誠実を胸に刻むこと」これはルイ・アラゴンの言葉ですが、師弟関係の学びの好循環を示した理想の形ではないでしょうか。

十牛図は禅の「悟り」のプロセスを説明していると言われる絵です。**図表099**はその10枚目である「入鄽垂手」。ここでは悟りの最終形は、師と弟子の構図として描かれています。師弟関係とは、人間がその叡智を循環させるための装置なのかも知れません。

次のツボ100は、これからの働く人について考えます。

図表099

十牛図「入鄽垂手」

▶師にできることは、究極的には人間が生きる姿を見せることだけです　HINT

Q これから働く人はどうなるのか？

■企業に育成してもらえる時代ではなくなった

　年功序列や終身雇用は限界を迎えつつあります。そして働き方改革関連法が2019年から施行され「長時間労働の是正」「正規・非正規の不合理な処遇差の解消」「多様な働き方の実現」が企業に求められます。これは長時間労働や異動配置といった「不自由」と引き換えに正社員が享受していた「必ず育成してもらえる」という前提が失われることでもあります。これからはキャリアを自ら切り開かなければならない時代となりました（ツボ091）。

■組織リーダーとプロフェッショナルの縞模様

　リクルートワークス研究所の大久保幸夫は日本の歴史を振り返ると、組織リーダーとプロフェッショナルの活躍する時代が、交互に来ていると言っています。

　おおむね人口が増加して、経済も拡大していたときには組織リーダーに、人口増加が停滞して経済も低成長にあったときにはプロフェッショナルに、スポットライトが当たっていたように見える。成長期には自然に組織はピラミッド型になるが、そのときはリーダーの資質に関心が集まるものだ。反対に低成長期には組織はフラット型になり、個々の能力に注目が集まる。（Works 69号『育て！ビジネス・プロフェッショナル』より）

　平安時代から江戸時代が始まるまでは長い低成長期、「画家」や「仏師」のようなプロが活躍しました。そして江戸時代前期は平和な人口増大・経済拡大期、商家では「番頭」という組織リーダーが必要となりました。江戸時代中期・後期は飢饉などの影響で人口は減少期へ。「浮世絵」が発達し、商人・職人・武家も職種が細分化されていきます。明治・大正そして昭和は急成長期、課長・部長・取締役といった組織リーダーたち、いわゆる「サラリーマン」が活躍する時代となりました。これから日本は人口減少することは必然です。歴史が繰り返すならばプロフェッショナルの時代が来るのでしょう。

■プロフェッショナルとは幸福への旅

　さて、あなたはプロフェッショナルとしてどんな段階でしょうか？（図表100）もし第0段階「プロ未満」であれば、まずは臆さず様々な「川」に自ら漕ぎ出てみてください。それは幸福に向かう旅だと私は考えています。

　古代の哲学者アリストテレスは「幸福とは卓越性に従う活動である」と言っています。本質的な仕事に没頭し「卓越」していくことこそ「幸福」である、それは2300年前から変わらない人間の姿なのでしょう。

図表100

プロフェッショナル段階診断

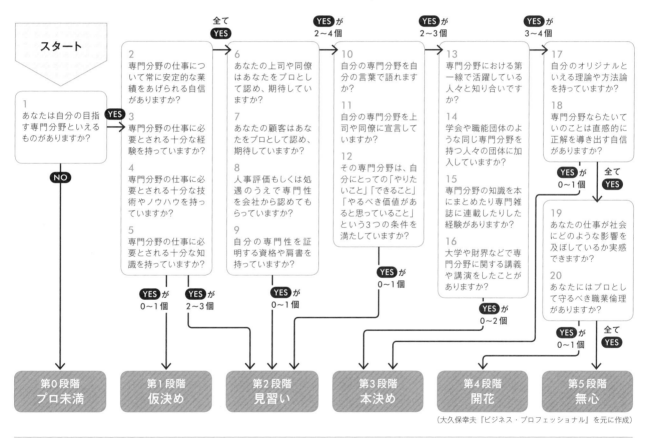

全て
YES

YES が
2〜4個

YES が
2〜3個

YES が
3〜4個

スタート

1
あなたは自分の目指す専門分野といえるものがありますか？

YES

NO

2
専門分野の仕事について常に安定的な業績をあげられる自信がありますか？

3
専門分野の仕事に必要とされる十分な経験を持っていますか？

4
専門分野の仕事に必要とされる十分な技術やノウハウを持っていますか？

5
専門分野の仕事に必要とされる十分な知識を持っていますか？

6
あなたの上司や同僚はあなたをプロとして認め、期待していますか？

7
あなたの顧客はあなたをプロとして認め、期待していますか？

8
人事評価もしくは処遇のうえで専門性を会社から認めてもらっていますか？

9
自分の専門性を証明する資格や肩書を持っていますか？

10
自分の専門分野を自分の言葉で語れますか？

11
自分の専門分野を上司や同僚に宣言していますか？

12
その専門分野は、自分にとっての「やりたいこと」「できること」「やるべき価値があると思っていること」という3つの条件を満たしていますか？

13
専門分野における第一線で活躍している人々と知り合いですか？

14
学会や職能団体のような同じ専門分野を持つ人々の団体に加入していますか？

15
専門分野の知識を本にまとめたり専門雑誌に連載したりした経験がありますか？

16
大学や財界などで専門分野に関する講義や講演をしたことがありますか？

17
自分のオリジナルといえる理論や方法論を持っていますか？

18
専門分野ならたいていのことは直感的に正解を導き出す自信がありますか？

19
あなたの仕事が社会にどのような影響を及ぼしているか実感できますか？

20
あなたにはプロとして守るべき職業倫理がありますか？

YES が
0〜1個

YES が
2〜3個

YES が
0〜1個

YES が
0〜1個

YES が
0〜2個

YES が
0〜1個

全て
YES

YES が
0〜1個

全て
YES

第0段階
プロ未満

第1段階
仮決め

第2段階
見習い

第3段階
本決め

第4段階
開花

第5段階
無心

（大久保幸夫『ビジネス・プロフェッショナル』を元に作成）

▶ 第0段階の人は、目指す山が見えるまで川の流れの中で筋力をつけましょう　HINT

4 社 の 実 例

4タイプの企業の「働く人」の特徴を取り上げました。「人」について語るため、ここではあえて筆者の主観を多く入れています。

実例1. サイボウズ社
「サイボウズらしい人なんていない」

ベンチャー中小・流動排出タイプのサイボウズ社では、どんな人が働いているのか？ 感動課の福西隆宏課長に伺ったことがあります。多くの社員の感動を探っている福西課長はサイボウズで働く人の特徴を誰よりも知っていると考えたためです。しかし、その答えは「サイボウズらしい人なんていないんちゃうかなあ」でした。共通項を炙り出すために、社員の特徴をベン図で描いたらその重なりに当て嵌まるものはほとんどない、と。「もし重なりにサイボウズらしい人がおるとしても、めっちゃヒョロヒョロやろうね」。働き方だけではなく個性も100人100通り。一人ひとり違う「感動」を持っているのだと教えてもらいました。

実例2. アカツキ社
「『いったん』やり切る」

ベンチャー中小・長期育成タイプのアカツキ社では、Why（なぜやるのか）からプロダクト開発が始まります。そのため「そもそも」という言葉を社内でよく耳にします。そして、現場リーダーたちの研修やオフサイトミーティングを何度か実施する中で、私は共通の言葉が飛び交っていることに気づきました。それは「いったん」です。アカツキで活躍しているリーダーたちは「いったん、やってみましょう」とよく口にするのです（嬉しそうに）。大きな方針が「そもそも」考え抜かれた上で、現場のリーダーたちはあれこれ細かいことを言わず「いったん」やり抜く。総じて若くエンタメ業界で活躍したいという熱量の高いリーダーたちは、筏下りを全力で楽しんでいるのでしょう。

実例3. リクルート社
「自己実現大好き」

グローバル大手・流動排出タイプのリクルート社で働く人、または働いていた人（「元リク」と呼ばれます）は、すぐにわかるそうです。その特徴は「自己実現」。私が在籍していた頃、社員を紹介する冊子が配られました。社員の自己紹介欄に「生まれ変わったら何になりたい？」という質問があったのですが、そこにほとんどの人が「私」「自分」「生まれ変わっても自分でいたい」と書いてあったことに驚きました。そして私も当然のように「生まれ変わっても私が良い」と書いていたのです。リクルート社には「個をあるがままに生

かす」自己実現を目指す人材が集まっているので
しょう。

実例4.トヨタ社
「現場のオヤジ」
・・
　グローバル大手・長期育成タイプのトヨタ社で
は、技能職出身の河合満副執行役員がChief
Monozukuri Officer と、Chief Human Resources
Officerを兼務しています（2020年現在）。本館ビ
ルではなく、鍛造現場で執務するのは「勘が鈍る」
から。毎朝6時に出社して鍛造部にある風呂に
入って作業服を着て現場を見るこの異色のCHRO
は、技能職から初めて専務になった人でもありま
す。職場の長であり職人である「現場のオヤジ」
はこれからの新しいプロフェッショナルの形かも
知れません。

　流動排出タイプの2社では「一人ひとり」の個
が生かされています。長期育成タイプの2社では
方針や職場などに「貢献」することで個が生きて
います。

働く人の特徴

流動・排出

サイボウズ ▼ **サイボウズらしい人** **なんていない** 個性も感動も 100人100通り	**リクルート** ▼ **自己実現大好き** 個をあるがままに生かす
アカツキ ▼ **「いったん」やり切る** **現場リーダー** なぜやるか（Why）を 考え尽くす「そもそも」	**トヨタ** ▼ **現場のオヤジ** 職場の長であり 職人である

ベンチャー・中小企業　　　　　　グローバル・大手企業

長期・育成

まとめ

Chapter10.のまとめとしてツボ091〜100のQ＆Aを一覧としています（右表）。

また、人事担当者、管理職（マネジャー）、経営者、人材・人事業界の方それぞれに向けてこの「働く人」でお伝えしたいメッセージを記載しています。

人事担当者の方へ

人事担当者の方は、「働く人」を2つの意味で考えていただきたいのです。まず1つ目は自社の働く人はこれからどうなっていくのか、どうあるべきか。専門志向の人が増え「管理職になりたくない」という声も多く聞こえてきます。その中で企業人事は何をするべきか。そして2つ目は自分自身も一人の働く人として何を目指すのか。人事のプロフェッショナルとなるのか、それとも違う道へ進むのか。働く人の一人として、仲間とともにキャリアを考えていきましょう。

管理職（マネジャー）の方へ

現場のマネジャーは、プロフェッショナルの力を借りて組織で成果をあげる必要があります。彼らをどうやってマネジメントすれば良いのでしょうか。まず原則として「専門領域においては彼らを信じて邪魔しない」ことです。彼らにとっての仕事のやりがいは、ワクワクするようなプロジェクト、卓越した技術が求められる仕事、自分のアイデアが生かせる仕事です。組織が期待している貢献の形を伝え、彼らの卓越した力を生かしていきましょう。

経営者の方へ

経営者にとって、プロフェッショナルを生かすことは、これからの必須命題でしょう。彼ら自身が追っている「本質的な仕事の価値」を認め信じること、そして没頭している状態を邪魔しないこと、卓越した力をつける支援をすること、そして、お金で釣ろうとしないこと。しかしその成果には誠実に報いることが必要です。仕事のやりがいは、プロフェッショナル自身が感じるものであって、他者から与えられるものでありません。魅力的な目標に向けて握手し、協力し合う、対等な関係が求められています。

人材・人事業界の方へ

人材・人事業界で働く皆さんには、専門家としての貢献が期待されています。特にどの領域で自分の価値を発揮していくのか「登る山」を決めて、力を磨き続けていきましょう。そして、私もまたこの領域で生きることを決めた一人です。お互いに刺激しあって、一緒に業界自体の価値を高め魅力的にしていきたいですね！

IT企業（SIer）の人事マネジャーだった私は、32歳のときに人事コンサルタントへと転身しました。望んでなったはずのコンサルタントでしたが、その仕事には何とも言えない「心が渇く」感じがあり、前に進めば進むほど苦しさは募っていきました。これで本当に良いのか？　自分はクライアント（顧客）に価値を出せているのか？　その苦しさの原因が自分でもわからないのです。そんなとき、職場である大阪リクルートオフィスU7から東梅田駅前への帰り道にある本屋で河合隼雄の書籍に出会いました。

　一般の人は人の心がすぐわかると思っておられるが、人の心がいかにわからないかということを、確信を持って知っているところが、専門家の特徴である（河合隼雄『こころの処方箋』より）

彼も心理療法家としてクライアントに向き合い続けてきた専門家です。いま、自分に必要なのはこの世界観なのではないかと感じ、河合隼雄の本を買い集めました。何冊かは読み込みすぎて真ん中から本が割れてしまったほどです。その内容は渇いた心に染み込むようでした。

そしてわかったのは「切断」こそが渇きの原因だった、ということです。当時の私は、人間と組織という有機的なものをフレームワークで「切断」していました。例えば等級は頑張っている人たちを切り分け、ランキングするものです（Chapter 5）。切り方を間違えれば、大惨事が待っています。知識や技術は鋭利な刃物のようなもの。便利な「道具」ですが使い方を誤ると人を傷つける「凶器」にもなってしまう。むやみに振り回してはいけない。使い方を正しく知り、必要なところだけを「切る」こと、そして刀を収める「鞘」を持っておくこと、「刃を研ぎ続ける」こと。正しく切り分けるからこそ、できる本当の価値がある。その専門家としての「確信」ができてからというもの、心が渇くことはなくなったのでした。

おわりに

　当書は、私が師匠たちから受け継いだ知識と、実践で培った持論を体系化し、仲間との対話によって磨いたものです。多くの方々との長い協働の末に完成しました。

　人事制度設計を実践の中で教えてくれたリクルート社のコンサルタント、酒井正浩さん、永幡亮司さん、橋本一郎さん、毎野正樹さん、そしてその系譜の先頭にいる釘崎広光さん。組織開発を暗黙知とともに教えてくれたマスタートレーナー、三輪昌生さん、山岸英樹さん。偉大な先人たちに感謝いたします。

　大沢武志の思想を辿る研究会「心理学的経営を読む会（SKY）」の澤田倫子さん、松本洋平さん、三木尭紘さん、渡邉正子さん。リクルート社の組織開発の原点を探るプロジェクト「MY-DP」の石橋慶さん、鳥谷奈々子さん、屋敷健太さん、柳尾彰大さん。早朝読書会「HRM本を読む会」の今出智さん、神谷恭子さん、加茂俊究さん、山科このみさん、山中晧太さん。それらの企画を構想段階から併走してくれた研究者の荒井理江さん、壺中天の社員かえるくん。持論を磨きあう仲間たちに感謝いたします。

　当書の価値を「人事担当者の入門書として書店の棚に残り続けるロングセラー」と定義して編集を担当してくれたディスカヴァー・トゥエンティワン社の林拓馬さん。「ポイントをつまみ食いできる本」というコンセプトを示唆してくれた労政時報の荻野敏成さん。「1つの見開きで1つのポイントを伝える」シンプルな仕立てのヒントをくれた山本和哉さん。ツボ089を共に執筆してくれたアカツキ社のスクラムマスター馬場達也さん。初学者にも伝わる表現方法を考えてくれた安部晴佳さん。当書を一緒に作ってくれた協働者に感謝いたします。

　テスト読者として当書を磨いてくれた植田若葉さん、高山あるみさん、大森美奈さん、奥野康太郎さん、安田泰さん、下毅さん、小泉舞子さん、松井健太郎さん、永沼歩さん、豊村可奈絵さん、小能拓己さん、今泉孝子さん、鈴木暁久さん、秋山紘樹さん、高橋由佳さん、三苫香織さん。率直で愛あるフィードバックに感謝いたします。

　最後に「私を超えられますか？」という大きな問いを残してくれた、大沢武志さんに感謝を。その道はまだ見えません。だからまだまだ進もうと思います。私の夢は90歳で現役のプロフェッショナルであることです。今44歳ですのであと46年も深めることができます。じっくり行きましょう、楽しんで。

　私のお伝えしたいことは、以上です。

2020年4月　坪谷邦生

さらに学びたくなった初学者の方へ、当書の次に読むべき本を9冊、推薦します。

企業の経営哲学から生々しい実践を知りたくなった方には A. 企業の経営哲学から学ぶ の3冊を、奥が深い日本の人事の実態をもっと知りたくなった方には B. 日本の人事から学ぶ の3冊を、学問の面から世界で通用するマネジメントを学びたくなった方には C. 世界の学問から学ぶ の3冊をお薦めします。

どの本も読む価値がある名著ですが、初学者の方にとっては「読みやすさ」が取り掛かるために必要な指標だと思います。そこで難易度を♪マークで示しています。このマークが多いほど、読み解くことが難しい本です。まずは♪1つのものからスタートして、だんだんと難しいものにチャレンジしてみてください。

A 企業の経営哲学 から学ぶ

『チームのことだけ、考えた。』

難易度 ♪

青野慶久 著
ダイヤモンド社／2015年

離職率が高く健全とは言えない組織だったサイボウズ社が「100人100通りの働き方」というスタイルを確立し軌道にのっていく経緯を青野社長自らが語った本です。読みやすいのは論旨がシンプルで明確だから。実際に起きた困難の中で組み上げられていく経営者の思考から「一貫性」の力強さが学べる実践的名著です。

『ハートドリブン』

難易度 ♪

塩田元規 著
幻冬舎／2019年

売上高281億円・利益136億円という急成長ベンチャー企業アカツキ。創業者塩田元規が「ワクワクやドキドキという目に見えない『感情報酬』を大切にする」哲学を語った本です。現代にはこんな経営者が出現しているのかという驚愕とともに、生き方を根本から考えさせられる、まるで少年漫画のような感動がある一冊です。

『心理学的経営』

難易度 ♪♪♪

大沢武志 著
PHP研究所／1993年

Column04でもご紹介しましたが「リクルートの社員はどうしてそんなに元気なのか？」という問いにリクルート社で組織文化を作ってきた大沢武志が答えた本です。1993年に書かれた本ですが、いま流行している人事の概念や仕組みや施策が、とうに実践されており驚かされます。日本企業の人事の『源泉』なのでしょう。

『人材マネジメント入門』

難易度 🌶

守島基博 著
日本経済新聞出版社／
2004年

入門書として最適な薄くてとても読みやすい本です。人事担当者になったばかりの方に、私は必ずこの本を勧めています。方法論や事例ではなく、日本企業で人材マネジメントに向かうために必要な「姿勢」と「構え」を学ぶことができる名著。長期と短期、人と事、その交差点で葛藤するのが人事なのですね。

『人事の成り立ち』

難易度 🌶🌶

海老原嗣生・
荻野進介 著
白桃書房／2018年

日本の人事の名著17冊をその作者との往復書簡によって読み解いた本。人事の歴史の流れがわかり、当時の志や背景が作者自身の言葉で語られ、日本の働き方はなぜ変わらないのか、その根幹があぶり出されていきます。骨太な内容なのですが天才的編集によってグイグイ読まされます。私は何度も唸りました。

『職能資格制度』

難易度 🌶🌶🌶

楠田丘 著
産労総合研究所／
2003年

1970年代から日本企業を支え続けてきた職能資格制度。その教科書とも言えるこの本は時代に合わせて改訂され続けています。人事制度に関わる人事担当者であれば読まなければならない基本中の基本の一冊。いまだに楠田丘を超える人事制度の思想家は日本には現れていないと捉えるべきでしょう。

『世界標準の経営理論』

難易度 🌶🌶

入山章栄 著
ダイヤモンド社／2019年

世界の経営学（マネジメント）の英知と潮流が一冊で学べる嬉しい本。「枕」と呼ばれるほどの分厚さですが、ビジネスパーソン向けに図表やレイアウトも読みやすくデザインされているので臆せず挑戦してください。一気に読み通せなくても辞書として手元に置いておくと、あなたの味方になってくれます。

『HRMマスターコース
――人事スペシャリスト養成講座』

難易度 🌶🌶🌶

須田敏子 著
慶應義塾大学出版会／
2005年

イギリスにはHRM（人材マネジメント）の修士課程がありますが、日本にはMBA（経営学修士）しかありません。そこを危惧した須田先生がイギリスの大学院で教えている内容を伝えてくれた本です。専門用語も多く文化の違いもあり難解な本ですが、HRMの知見を体系的に日本語で読める貴重な一冊です。

『知識創造企業』

難易度 🌶🌶🌶🌶

野中郁次郎
・竹中弘高 著
東洋経済新報社／1996年

世界中で広く読まれた日本人による経営理論書です。日本の製造業がなぜ国際競争力を持ち得たのかを「知識創造」を軸に展開しています。西洋ではジェフ・サザーランドがこの野中先生の思想に触れてアジャイル開発スクラムを創り出しています。世界で活躍するためにこれから最も重要になる本でしょう。

参考文献

- P.F. ドラッカー『明日を支配するもの―21世紀のマネジメント革命』(1999, ダイヤモンド社)
- デイビッド・ウルリッチ『Human resource champions (MBAの人材戦略)』(1997, 日本能率協会マネジメントセンター)
- 伊藤健市『資源ベースのヒューマン・リソース・マネジメント』(2008, 中央経済社)
- 田坂広志『仕事の報酬とは何か 人間成長をめざして』(2008, PHP研究所)
- 青山拓央『幸福はなぜ哲学の問題になるのか (homo viator)』(2016, 太田出版)
- 森博嗣『「やりがいのある仕事」という幻想』(2013, 朝日新聞出版)
- 森博嗣『笑わない数学者 MATHEMATICAL GOODBYE』(1999, 講談社)
- 高橋俊介『ヒューマン・リソース・マネジメント (ビジネス基礎シリーズ)』(2004, ダイヤモンド社)
- 海老原嗣生・荻野進介『日本人はどのように仕事をしてきたか』(2011, 中央公論新社)
- 河合隼雄『ユング心理学と仏教 (岩波現代文庫＜心理療法＞コレクションV)』(2010, 岩波書店)
- 松岡正剛『17歳のための世界と日本の見方―セイゴオ先生の人間文化講義』(2006, 春秋社)
- 中原淳『フィードバック入門 耳の痛いことを伝えて部下と職場を立て直す技術』(2017, PHP研究所)
- 荒井理江『人事評価制度に対する意識調査 働きがいを高める人事評価とコミュニケーションの鍵とは？』(リクルートマネジメントソリューションズ) <https://www.recruit-ms.co.jp/issue/inquiry_report/0000000572/>
- 角山剛『目標と報酬のないところにモチベーションは起こらない』(リクルートマネジメントソリューションズ) <https://www.recruit-ms.co.jp/issue/interview/0000000557/>
- 須田敏子『HRMマスターコース―人事スペシャリスト養成講座』(2005, 慶應義塾大学出版会)
- 大沢武志『心理学的経営―個をあるがままに生かす』(1993, PHP研究所)
- 釘崎広光『トータル人事システムハンドブック』(2000, HRR)
- 今野浩一郎・佐藤博樹『人事管理入門―マネジメント・テキスト』(2009, 日本経済新聞出版社)
- 八代充史『人的資源管理論＜第2版＞』(2014, 中央経済社)
- 守島基博『人材マネジメント入門 日経文庫B76』(2004, 日本経済新聞出版社)
- グロービス経営大学院・佐藤剛『グロービスMBA組織と人材マネジメント』(2007, ダイヤモンド社)
- 根本孝・金雅美『人事管理 (ヒューマンリソース)：人事制度とキャリア・デザイン (マネジメント基本全集)』(2006, 学文社)
- 古野庸一・小野泉『「いい会社」とは何か』(2010, 講談社)
- 奥林康司・上林憲雄・平野光俊『入門 人的資源管理＜第2版＞』(2010, 中央経済社)
- 『適応のメカニズムを探る』(RMS Massage 39) <https://www.recruit-ms.co.jp/research/journal/pdf/j201508/m39_all.pdf>
- 『管理者適性アセスメント追跡調査2011』(リクルートマネジメントソリューションズ) <https://www.recruit-ms.co.jp/research/study_report/0000000287/>
- 『効果的な次世代リーダーの育成法～国際的リーダー育成機関の研究から～』(リクルートマネジメントソリューションズ) <https://www.recruit-ms.co.jp/issue/feature/kaihatsu/201105/>
- 谷川聡一朗『リーダー育成施策に経験をどのように盛り込んでいくべきか 組織的な「成長経験デザイン」の考え方とポイント』(2016, リクルートマネジメントソリューションズ) <https://www.recruit-ms.co.jp/issue/feature/0000000535/>
- 『グーグルは組織をデータで変える DIAMOND ハーバード・ビジネス・レビュー論文』(2015, ダイヤモンド社)
- 南山大学中村和彦・神戸大学金井壽宏・ヤマト運輸株式会社大谷友樹・神戸大学平野光俊『戦略パートナー/チェンジ・エージェントとしての人事部が取り組む組織開発』(2014, 経営行動科学第27巻第1号, 61-87) <https://www.jstage.jst.go.jp/article/jaas/27/1/27_61/_pdf/>
- 根本慎吾『「最前線でともに戦う人事」アカツキの"魔法使い"が仕掛けるユニークな人事制度とは？』(HR NOTE) <https://hrnote.jp/media/contents/b-contents-composition-akatsuki-171215/>
- P.F. ドラッカー『ドラッカー名著集13 マネジメント [上]―課題、責任、実践』(2008, ダイヤモンド社)
- 『経営理念 (ミッション＆バリュー) はなぜ浸透しないのか？』(リクルートマネジメントソリューションズ) <https://www.recruit-ms.co.jp/issue/feature/soshiki/200703/>
- ジム・コリンズ『ビジョナリー・カンパニー2-飛躍の法則』(2001, 日経BP社)

- 野中郁次郎・リクルートマネジメントソリューションズ組織行動研究所『日本の持続的成長企業──「優良＋長寿」の企業研究』(2010, 東洋経済新報社)
- P.センゲ、O.シャーマー、J.ジャウォースキー、野中郁次郎、高遠裕子『出現する未来　Presence』(2006, 講談社BIZ)
- 『「マネジメント」は管理することではない』(東洋経済ONLINE) <https://toyokeizai.net/articles/-/1592>
- 海老原嗣生・荻野進介『名著17冊の著者との往復書簡で読み解く　人事の成り立ち』(2018/10/26, 白桃書房)
- 五十嵐英憲『新版目標管理の本質』(2003, ダイヤモンド社)
- ジョン・ドーア、ラリー・ペイジ『Measure What Matters　伝説のベンチャー投資家がGoogleに教えた成功手法　OKR』(2018, 日本経済新聞出版社)
- 川上真史『コンピテンシーの本質〜誤解だらけのコンピテンシーを使えるものとするために〜』(日本の人事部HRカンファレンス) <https://jinjibu.jp/hr-conference/report/r201511/report.php?sid=652>
- 厚生労働省『平成27年就労条件総合調査_賃金制度』
- 笹島芳雄『なぜ賃金には様々な手当がつくのか』(日本労働研究雑誌2009年4月号)
- 厚生労働省『毎月勤労統計調査』
- 厚生労働省『平成29年就労条件総合調査_賃金制度』
- 厚生労働省『平成30年就労条件総合調査』
- 厚生労働省『平成30年就労条件総合調査_賃金制度』
- マイケル・C・ブッシュ＆GPTW調査チーム『世界でいちばん働きがいのある会社』(2018, 日経BP社)
- 『The Indeed Job Happiness Index 2016: Ranking the World for Employee Satisfaction』(Indeed) <http://blog.indeed.com/hiring-lab/indeed-job-happiness-index-2016/>
- 内閣府『国民生活選好度調査』
- 『昇進・昇格および異動・配置に関する実態調査2016』(RMS Research) <https://www.recruit-ms.co.jp/research/inquiry/pdf/research201603_summary.pdf>
- 楠田丘『改訂5版　職能資格制度』(2003, 産労総合研究所　出版部経営書院)
- 『人材マネジメントを視覚化する』(Works76号) <https://www.works-i.com/works/item/w076-toku1.pdf>
- 『戦略的HRMを生み出す人材ポートフォリオ』(Works40号) <https://www.works-i.com/works/item/w_040.pdf>
- 曽和利光『人事と採用のセオリー　成長企業に共通する組織運営の原理と原則』(2018, ソシム)
- 青田努『採用に強い会社は何をしているか〜52の事例から読み解く採用の原理原則』(2019, ダイヤモンド社)
- 江川昌史『アクセンチュア流　生産性を高める「働き方改革」』(2017, 日本実業出版社)
- 『新卒採用のトレンドの変遷』(HR NOTE) <https://hrnote.jp/contents/contents-2337/>
- 『2020の人事シナリオVol.12岸本治氏ソニー』(リクルートワークス研究所) <https://www.works-i.com/column/taidan/detail012.html>
- 中央労働委員会『平成27年退職金、年金及び定年制事情調査』
- リード・ホフマン『ALLIANCE』(2015, ダイヤモンド社)
- 厚生労働省『平成30年度能力開発基本調査』
- 厚生労働省『平成28年度能力開発基本調査』
- 『人材マネジメント調査2017』(Works) <https://www.works-i.com/research/works-report/item/180129_hrm2017.pdf>
- C・D・マッコーレイ／R・S・モクスレイ／E・V・ヴェルサ『リーダーシップ開発ハンドブック』(2011, 白桃書房)
- 山田直人・木越智彰・本杉健『部下育成の教科書』(2012, ダイヤモンド社)
- Cummings & Worley『Organization Development and Change』(2009)
- 『人事の新たな武器「組織開発」とは何か？』(リクルートマネジメントソリューションズ) <https://www.recruit-ms.co.jp/issue/feature/0000000112/1/>
- 大久保幸夫『日本型キャリアデザインの方法』(2012, 日本経団連出版)
- 大久保幸夫『ビジネス・プロフェッショナル』(2006, ビジネス社)
- 『育て！ビジネス・プロフェッショナル』(Works69号) <https://www.works-i.com/works/item/w_069.pdf>
- 内田樹『日本辺境論』(2009, 新潮社)
- 河合隼雄『こころの処方箋』(1998, 新潮社)

図解 人材マネジメント入門

人事の基礎をゼロからおさえておきたい人のための「理論と実践」100のツボ

発行日　2020年5月30日　第1刷
　　　　2024年12月18日　第12刷

Author　坪谷邦生

Infographic
Designer　岸和泉（本文図版）

Book Designer　新井大輔　中島里夏

Publication　株式会社ディスカヴァー・トゥエンティワン
〒102-0093
東京都千代田区平河町2-16-1 平河町森タワー11F
TEL　03-3237-8321（代表）
　　　03-3237-8345（営業）
FAX　03-3237-8323
https://d21.co.jp

Publisher　谷口奈緒美

Editor　藤田浩芳

Store Sales
Company　佐藤昌幸　蛯原昇　古矢薫　磯部隆　北野風生
松ノ下直輝　山田諭志　鈴木雄大　小山怜那
町田加奈子

Online Store
Company　飯田智樹　庄司知世　杉田彰子　森谷真一　青木翔平
阿知波淳平　大﨑双葉　近江花渚　徳間凜太郎
廣内悠理　三輪真也　八木眸　古川菜津子　高原未来子
千葉潤子　藤井多穂子　金野美穂　松浦麻恵

Publishing
Company　大山聡子　大竹朝子　藤田浩芳　三谷祐一　千葉正幸
中島俊平　伊東佑真　榎本明日香　大田原恵美
小石亜季　舘瑞恵　西川なつか　野﨑竜海　野中保奈美
野村美空　橋本莉奈　林秀樹　原典宏　牧野類
村尾純司　元木優子　安永姫菜　浅野目七重

Digital Solution
Company　小野航平　馮東平　宇賀神実　津野主揮　林秀規

Headquarters　川島理　小関勝則　大星多聞　田中亜紀　山中麻吏
井上竜之介　奥田千晶　小田木もも　佐藤淳基
福永友紀　俵敬子　三上和雄　池田望　石橋佐知子
伊藤香　伊藤由美　鈴木洋子　福田章平　藤井かおり
丸山香織

Proofreader　株式会社鷗来堂

DTP　株式会社RUHIA

Printing　シナノ印刷株式会社